BEI GRIN MACHT SICH IHR WISSEN BEZAHLT

- Wir veröffentlichen Ihre Hausarbeit, Bachelor- und Masterarbeit

- Ihr eigenes eBook und Buch - weltweit in allen wichtigen Shops

- Verdienen Sie an jedem Verkauf

Jetzt bei www.GRIN.com hochladen und kostenlos publizieren

Unternehmenskrisen. Auswirkung auf die Regulierung und Überwachung von Unternehmen

Robert LaFrance

Bibliografische Information der Deutschen Nationalbibliothek:

Die Deutsche Nationalbibliothek verzeichnet diese Publikation in der Deutschen Nationalbibliografie; detaillierte bibliografische Daten sind im Internet über http://dnb.d-nb.de abrufbar.

ISBN: 9783346290892
Dieses Buch ist auch als E-Book erhältlich.

© GRIN Publishing GmbH
Nymphenburger Straße 86
80636 München

Alle Rechte vorbehalten

Druck und Bindung: Books on Demand GmbH, Norderstedt Germany
Gedruckt auf säurefreiem Papier aus verantwortungsvollen Quellen

Das vorliegende Werk wurde sorgfältig erarbeitet. Dennoch übernehmen Autoren und Verlag für die Richtigkeit von Angaben, Hinweisen, Links und Ratschlägen sowie eventuelle Druckfehler keine Haftung.

Das Buch bei GRIN: https://www.grin.com/document/950587

Auswirkung von Unternehmenskrisen auf die Regulierung und die Überwachung von Unternehmen

Arbeit zur Erlangung des akademischen Grades Bachelor of Internationales Management (IMX)

im Studiengang Internationales Management an der Hochschule Reutlingen

Vorgelegt von: Robert LaFrance

Reutlingen, 24.04.2020

Inhaltsverzeichnis

1. Abbildungsverzeichnis
2. Einleitung
3. Unternehmenskrisen und ihre Ursachen
    a. Enron
    b. WorldCom
    c. Lehman Brothers
4. Reaktion der „Standard-Setter" auf die Unternehmenskrise
    a. Reaktion in der USA
        i. Gesetzliche Änderungen
        ii. Reaktion in den Rahmen der Rechnungslegung
    b. Wichtige Entwicklungen in Europa
        i. Regulatorische Veränderungen in Europa
        ii. Entwicklungen in der Rechnungslegung
5. Herausforderungen bei der Implementierung der veränderten Regulierung
    a. Der Umfang und Tiefe der Regulierung
    b. Die entstehende Probleme durch Lobbyismus und Bürokratie
    c. Reaktion der betroffenen regulierten Unternehmen
        i. Die Veränderung der Business Models
        ii. Die Kosten der Implementierung für die Gesellschaft
    d. Herausforderungen bei den Aufsichtsbehörden
        i. Verständnis der Gesetzen
        ii. Ermessenspielraumenprobleme
6. Analyse der veränderten Regeln und Ausblick auf mögliche zukünftige Entwicklungen
    a. Analyse der Auswirkung in der USA und Abschwächung von Dodd-Frank
    b. Analyse der Auswirkung in Europa
7. Zusammenfassung
8. Literaturverzeichnis

Abkürzungsverzeichnis

ARB	Accounting Research Bulletins
ASC	Accounting Standards Codification
CDO	Collateral Debt Obligation
CFPB	Consumer Financial Protection Bureau
CFTC	Commodity Futures Trading Commission
CME	Chicago Mercantile Exchange
CRO	Chief Risk Officer
EBA	European Banking Authority
ECB	European Central Bank
EIOPA	European Insurance and Occupational Pensions Authority
ERSB	European Systematic Risk Board
ESFS	European System of Financial Supervision
ESMA	European Securities and Market Authority
EU	European Union
EY	Ernst and Young
FASB	Financial Accounting Standards Board
FCF	Free Cash Flow
FSOC	Financial Stability Oversight Council
FVTOCI	Fair Value through Other Comprehensive Income
FVTPL	Fair Value through Profit and Loss
GAAP	Generally Accepted Accounting Principles
IAS	International Accounting Standards
IASB	International Accounting Standards Board
IASC	International Accounting Standards Committee
IFRS	International Financial Reporting Standards
MBS	Mortgage Backed Securities
MD&A	Management Discussion and Analysis of Financial Conditions and Results of Operations
NYFED	New York Federal Reserve Bank
OCF	Operational Cash Flow
OCI	Other Comprehensive Income
OCR	Office of Credit Ratings
OLA	Orderly Liquidation Authority
OTS	Office of Thrift Supervision
PCAOB	Public Company Accounting Oversight Board
PRC	Performance Review Committee
R&D	Research and Development
Repo	Sale and Repurchase Transaction
RoE	Return on Equity
SEC	Securities and Exchange Commission
SIFI	Systematically Important Financial Institution
SME	Small and Middle Sized Enterprises
SPE	Special Purpose Entity
SPOE	Single Point of Entry
US/USA	United States/United States of America

1 Einleitung

In den vergangenen zwanzig Jahren haben sich die Art und Weise, wie Unternehmen ihre Geschäfte betreiben und wie Unternehmen reguliert werden, grundlegend verändert. Dies ist in erster Linie auf die Vielzahl von Unternehmenskrisen zurückzuführen, die Unternehmen getroffen haben, und auf die Reaktion der Regierungen weltweit, um sicherzustellen, dass sich dies nicht wiederholt. Wenn man die Unternehmenskrisen untersucht, die zu einer Zunahme der Regulierungen führten, sie sind diejenigen, die einen Mangel an Transparenz oder die Übernahme eines noch nie dagewesenen Risikos mit sich bringen. Nachdem sie die Auswirkungen dieser Unternehmenskrisen auf die Wirtschaft gesehen hatten, reagierten die Regierungen mit der Verabschiedung von Gesetzen, die die Ursachen der Krisen beheben sollten. Diese Gesetze und Vorschriften stießen während ihrer gesamten Lebensdauer häufig auf Schwierigkeiten: in der Phase der Ausarbeitung, Umsetzung und Durchsetzung, wobei die Schwierigkeiten aus einer Vielzahl von Quellen stammten. Diese Schwierigkeiten können auf einen Machtkampf zwischen den Gesetzgebern bei der Ausarbeitung des Gesetzes, auf den Lobbyismus von Unternehmen, auf die Dauer der Umsetzung der Gesetze und schließlich auf die Finanzierung und der Aufmerksamkeit, die dem Gesetz nach der Umsetzung für die Durchsetzung geschenkt wurde, herrühren. In diesem Papier werden insbesondere drei Unternehmenskrisen untersucht, die Enron-, WorldCom- und Lehman Brothers-Skandale und die daraus resultierenden Gesetze, dem Sarbanes-Oxley Act im Jahr 2002, der Dodd-Frank Wall Street Reform und Consumer Protection Act im Jahr 2010, die speziell auf Basel III ausgerichteten Baseler Rahmenwerke und die Einrichtung der Europäischen Aufsichtsbehörden. Die Frage, die beantwortet werden soll, lautet: Wenn man die Reaktion Europas und der Vereinigten Staaten vergleicht, inwieweit haben die großen Unternehmenskrisen und -zusammenbrüche der letzten zwei Jahrzehnte und die daraus resultierenden Gesetze und Vorschriften für Unternehmen, insbesondere im Bereich der Rechnungslegung und des Finanzsektors, das System verbessert; welche Herausforderungen gab es bei der Umsetzung dieser Vorschriften und welche Erfolge wurden erzielt?

2 Unternehmenskrisen und ihre Ursachen

a. Enron

Enron wurde 1985 nach einer Fusion zwischen Houston Natural Gas und InterNorth gegründet. Infolge der Fusion hat sich Enron massiv verschuldet und hatte keine ausschließlichen Eigentums- und Nutzungsrechte für seine Pipelines mehr. Um dies zu lösen, beauftragte Enron McKinsey & Co. mit der Lösung dieses Problems. Die Lösung kam von Jeffrey Skilling, der später CEO von Enron wurde: eine „Gas Bank" sollte gegründet werden, die Gas von mehreren Lieferanten kauft und dann an mehrere Verbraucher verkauft. Hier würden Enron Angebot und Nachfrage garantieren und gleichzeitig potenzielle Risiken und Vorteile tragen (Thomas, 2002). Im Laufe der Zeit konnte Enron seinen Marktanteil konsolidieren, die Anzahl von Verträgen, Kunden und Lieferanten erhöhen und so die zukünftigen Preise besser vorhersagen und die Gewinne steigern.

Im Oktober 2001 kündigte Enron eine Neuformulierung seiner Jahresabschlüsse von 1997 bis 2001 an, weil „Buchhaltungsfehler im Zusammenhang mit Transaktionen mit einer anderen Fastow-Partnerschaft, LJM Cayman, L.P., und einer weiteren verbundenen Partei, Chewco Investments, aufgetreten waren" (Powers, Troubh, & Winokur, 2002, S. 2). Dem Powers-Bericht zufolge „waren viele der wichtigsten Transaktionen darauf ausgerichtet, günstige Bilanzergebnisse zu erzielen" (Powers et al., 2002, S. 4). Andere Transaktionen verbargen Verluste, indem sie den Anschein erweckten, als sei die Transaktion durch eine dritte Partei abgesichert worden, doch stattdessen befand sich die dritte Partei im Wesentlichen im Besitz von Enron. Die buchhalterische Behandlung all dieser Transaktionen war nicht korrekt, und dennoch wurde die Behandlung für fast alle dieser Transaktionen mit umfassender Hilfe von Enrons Wirtschaftsprüfer Arthur Andersen festgelegt (Powers et al., 2002, S. 5). Darüber hinaus gab es Probleme bei der Ertragserfassung, bei der Enron eine Garantiegebühr im Voraus statt über den gesamten Garantiezeitraum verbuchte; die Gebühr wurde im Dezember 1997 für den Zeitraum des Geschäftsjahres 1998 verbucht (Powers et al., 2002, S. 57).

Die meisten Transaktionen beinhalteten eine spezifische Struktur, die auch als „SPE" bekannt ist. Gemäß dem Powers Report wird eine SPE definiert als,

> Eine unabhängige, externe Einheit für Buchhaltungszwecke, wenn zwei Bedingungen erfüllt sind: (1) ein von dem Unternehmen unabhängiger Eigentümer muss eine substanzielle Kapitalinvestition von mindestens 3% der Vermögenswerte der SPE vornehmen, und diese 3% müssen während der gesamten Transaktion risikobehaftet

bleiben; und (2) der unabhängige Eigentümer muss die Kontrolle über die SPE ausüben. Unter diesen Umständen kann das Unternehmen Gewinne und Verluste aus Transaktionen mit der SPE verbuchen, und die Vermögenswerte und Verbindlichkeiten der SPE werden nicht in die Bilanz des Unternehmens aufgenommen (Powers et al., 2002, S. 5).

Enron und Michael Kopper, ein geschäftsführender Direktor, gründeten 1997 die erste SPE, Chewco, und Kopper wurde Manager und Eigentümer. Chewco wurde gegründet, um eine Beteiligung an einem Programm namens JEDI zu erwerben, um Enron eine neue, höhere Beteiligung zu sichern. Um dies ordnungsgemäß durchzuführen, hätte der Kauf mit 3% externem Eigenkapital finanziert werden müssen, um als SPE zu qualifizieren. Allerdings wurden nur Schulden zum Kauf der Beteiligung von Enron an JEDI verwendet. Dies bedeutet, dass Enron sowohl Chewco als auch JEDI hätte konsolidieren müssen, was jedoch erst im November 2001 rückwirkend zum Jahr 1997 geschah, was sowohl zu einem erheblichen Anstieg der Verschuldung als auch zu einem erheblichen Rückgang des Nettogewinns führte (Powers et al., 2002, S. 6-7). Als Chewco von Kopper zurückgekauft wurde, erhielt Kopper einen Gewinn in Höhe von 10 Millionen Dollar von Enron, der zu den zusätzlichen 2 Millionen Dollar an Gebühren hinzukam, die Kopper als Eigentümer und Manager von Chewco zwischen 1997 und 2000 verdient hatte (Powers et al., 2002, S. 8). Die zweite große Transaktion beinhaltete die Aufnahme von Geschäftsbeziehungen mit zwei Partnerschaften, die den CFO, Andrew Fastow, als Investor und Manager hatten, bekannt als die LJM-Partnerschaften. Interne Kontrollen wurden eingerichtet, um diese Beziehung zu überwachen, aber sie reichten aufgrund der engen Auslegung durch die Geschäftsleitung, struktureller Mängel in den Kontrollen, der unsachgemäßen Durchführung der Kontrollen und des Mangels an gründlicher Aufsicht durch den Verwaltungsrat nicht aus (Powers et al., 2002, S. 10-11).

Bei der Untersuchung der Nutzung der LJM-Partnerschaften gab es zwei Haupttypen von Transaktionen: Verkäufe von Vermögenswerten und Absicherungsgeschäfte. Im Falle von Anlagenverkäufen verkaufte Enron unerwünschte Vermögenswerte an LJM, oft direkt am Ende von Finanzberichtsperioden. Dies kann legal sein, vorausgesetzt, dass die Risiken und Vorteile der Vermögenswerte vollständig auf die andere Partei übertragen werden. Anstatt dies zu tun, kaufte Enron die Vermögenswerte in mehreren Fällen schnell nach dem Ende des Berichtszeitraums zurück. Die LJM-Partnerschaften profitierten von jeder Transaktion trotz Marktwertverlusten, und Enron konnte aufgrund dieser Transaktionen über 229 Millionen Dollar erhalten. Darüber hinaus gab es drei Transaktionen, bei denen Enron zuvor zugestimmt hatte, LJM vor Verlusten zu schützen, was bedeutete, dass das Risiko nicht vollständig übertragen wurde (Powers et al., 2002, S. 12). Die zweite Art von Transaktionen waren Absicherungen oder Transaktionen, bei denen eine externe Partei das Risiko einer Investition für einen bestimmten Preis übernimmt, und eventuelle Wertverluste voll trägt (Powers et al., 2002, S. 13). Stattdessen schickte Enron seine eigenen Aktien an eine SPE für einen Schuldschein, und die LJM-Partnerschaft stellte das Fremdkapital zur Verfügung, das die SPE zur Qualifizierung als SPE benötigte. Durch Optionsderivate würde die SPE das Risiko tragen, dass die Aktien einer Investition von Enron fallen, wodurch die Investition von Enron abgesichert würde. Wenn die SPE an Enron zahlen musste, war die Zahlung die Enron-Aktien, die Enron an die SPE schickte (Powers et al., 2002, S. 13). Es gab ähnliche Transaktionen mit anderen SPE, die als Raptor-SPE bezeichnet wurden. Diese hätten schließlich aufgrund des sinkenden Wertes der Enron-Aktien zusammenbrechen können, was bedeutet hätte, dass die Raptor-SPE nicht an Enron zurückzahlen hätte können, was schließlich zur vollständigen Bilanzbereinigungen geführt hätte. Darüber hinaus hätten alle diese SPE's konsolidiert werden müssen, was sich weiter auf die Bilanz ausgewirkt hätte. Schließlich wurden die SPE zwar offengelegt, aber in einer Weise, die das Wesen der Transaktionen und die Substanz der Beziehung zwischen Enron und den Partnerschaften verschleierte (Powers et al., 2002, S. 17).

Ein Grund dafür, dass dies so lange geschehen konnte, war die von Skilling bei Enron aufgebaute Kultur. Er implementierte ein leistungsbezogenes Bonussystem, das ein extrem hartes Mitarbeiterüberprüfungssystem schuf, das auch unter dem Namen PRC bekannt ist. Es war angeblich ein 360-Grad-Prüfungssystem, aber die meisten Mitarbeiter sahen es als eine auf der Höhe des erzielten Gewinns basierende Rangfolge. Dadurch entstand die Frage der Bewertung kurzfristiger Gewinne gegenüber langfristigem Potenzial und langfristiger Strategie, während gleichzeitig die Gefahr der Geheimhaltung von Verträgen erhöht und die Möglichkeit der Offenlegung reduziert wurde (Thomas, 2002). Auch das Management war schuld, wie man bei Fastow und Kopper gesehen hat, die in den von ihnen mitbegründeten und geführten SPEs Millionen von Enron verdienten.

Die Wirtschaftsprüfer von Enron, Arthur Andersen, tragen ebenfalls einen großen Teil der Schuld. Wie bereits erwähnt, erhielt Enron von Andersen umfassende Beratung zu diesen SPE, und Andersen erkannte ihre Fehler erst 2001, als die Neuformulierungen stattfanden. Aus diesem Grund wurde festgestellt, dass Andersen bei der Prüfung der Jahresabschlüsse von Enron weder „seine beruflichen Pflichten" erfüllte, noch den Verwaltungsrat über irgendwelche Bedenken bezüglich der internen Kontrollen von Enron informierte (Powers et al., 2002, S. 24).

Dazu gehören nicht nur Fragen bezüglich der Jahresabschlüssen selbst, wie zum Beispiel die fehlende Konsolidierung der SPE, sondern auch die Fragen nach der Offenlegung. Andersen erhielt zwischen 1997 und 2001 5,7 Millionen Dollar an Honoraren für die Arbeit an den SPE-Transaktionen, was zu einem Interessenkonflikt führte, da diese nicht ordnungsgemäß verbucht wurden und das Prüfungsteam sie nicht vollständig untersucht hatte (Powers et al., 2002, S. 25). Während der Untersuchung des Zusammenbruchs von Enron wollte Andersen nicht alle mit Enron zusammenhängenden Arbeitspapiere zur Untersuchung übergeben oder Interviews mit denjenigen zulassen, die möglicherweise Kenntnis von der Situation hatten (Powers et al., 2002, S. 34). Nach dieser Krise wurde gegen Arthur Andersen ermittelt und wegen Behinderung der Justiz geklagt, wodurch die Arbeit von Arthur Andersen zum Erliegen kam. Diese Entscheidung wurde später aufgehoben, aber Andersen trat nie wieder als Wirtschaftsprüfer auf (Collins, 2019).

b. WorldCom

WorldCom war ein Telefondienstanbieter, der in den 1990er Jahren Fusionen mit anderen Telekommunikationsunternehmen durchführte, um ihre Telefon- und Internetinfrastruktur zu erweitern. Diese Fusionen verursachten auch einen dramatischen Anstieg der Einnahmen: von 39,2 Milliarden Dollar auf 154 Millionen Dollar in elf Jahren (Lyke & Jickling, 2002, S. 2). Aufgrund steigender Einnahmen und Infrastruktur war WorldCom der zweitgrößte Telekommunikationsanbieter in den Vereinigten Staaten. Es bildete sich eine Blase, die zu einem starken Anstieg von Telekommunikationsangeboten führte, was bei gleichbleibender Nachfrage zu geringeren Einnahmen und fallenden Aktienkursen für alle Unternehmen der Branche führte (Lyke & Jickling, 2002, S. 2).

Im Juni 2002 kündigte WorldCom aufgrund der fehlerhaften Aktivierung von Kosten eine Neufestsetzung der Jahresabschlüsse an. Die betroffenen Ausgaben waren die Leitungskosten, die durch die Nutzung der Netzwerke anderer Unternehmen entstehen (Lyke & Jickling, 2002, S. 2). Wenn etwas aktiviert wird, wird es zu einer Vermögen, d.h. die Kosten werden als abschreibbare Anlage verbucht. WorldCom hatte von Anfang 2001 bis zu diesem Zeitpunkt Leitungskosten im Wert von über 3,8 Milliarden Dollar kapitalisiert und damit die Nettoeinnahmen bei weitem überbewertet. Dies war nicht das erste Mal, dass die Rechnungslegungsgrundsätze WorldCom in Fragen gestellt wurden; die SEC hatte im März 2002 sechs weitere fragwürdige Aktivitäten hinter gefragt (Lyke & Jickling, 2002, S. 3). Der zweite Teil des Betrugs von WorldCom bestand in der missbräuchlichen Verwendung von

Rücklagenkonten, vor allem durch die Freigabe eines Teils der Rücklagen und deren anschließende Umbuchung als Einnahmen, um Management-Ziele zu erreichen (Beresford, Katzenbuch, & Rodgers, 2003, S. 61-62). Durch die Freigabe der Reserven reduzierten sie die Rücklagenkonten auf Null und buchten sie als „außerordentliche Erträge" um (Beresford et al., 2003, S. 63-64).

Die Meldung vom Juni 2002, dass WorldCom seine Jahresabschlüsse neu erstellen muss, nachdem die interne Revision den Fehler bei der Aktivierung von Leitungskosten entdeckt hatte, wurde genauestens geprüft. Diese Fehler war seit über einem Jahr erfolgt und gerade erst entdeckt worden, und sie wurde auch nicht von der Wirtschaftsprüfungsgesellschaft Arthur Andersen bemerkt, die WorldCom in den Jahren beaufsichtigt hatte (Lyke & Jickling, 2002, S. 3). Dies war teilweise auf Andersens Prüfungsmethoden zurückzuführen, die dem Weg der „risikobasierten Prüfung" folgten (Beresford et al., 2003, S. 227). Diese Methode folgt der Idee, dass sich die Prüfungsgesellschaft darauf konzentriert, Risiken zu finden und dann die internen Kontrollen des geprüften Unternehmens zu testen, um sicherzustellen, dass das Unternehmen mit den identifizierten Risiken umgehen kann. Der potenzielle Fallstrick dieser Methode besteht darin, dass sich der Prüfer, wenn er in einem bestimmten Bereich keine Risiken findet, auf möglicherweise vorhandene oder nicht vorhandene Unternehmenskontrollen verlässt und dass der Prüfer in bestimmten Bereichen überhaupt keine Tests durchführen darf (Beresford et al., 2003, S. 227). Insbesondere für die Geschäftsjahre 1999-2001 änderte Andersen seine Tests von Kapitalausgaben, Leitungskosten und Einnahmen nicht wesentlich und war der Ansicht, dass WorldCom ein geringes Betrugsrisiko hat (Beresford et al., 2003, S. 229-230). Trotz der Aussage, WorldCom habe ein geringes Betrugsrisiko, wurde WorldCom als Kunde mit „maximalem Risiko" bezeichnet, was bedeutet, dass das Geschäftsmodell von WorldCom eine beträchtliche Anzahl von Risiken aufwies, die bewertet werden mussten. Trotzdem setzte Arthur Andersen die Prüfung nicht sorgfältig genug um (Beresford et al., 2003, S. 232-233). Ein weiterer massiver Misserfolg von Arthur Andersen war, dass WorldCom als Unternehmen mit einem geringen Managementrisiko eingestuft wurde, d.h. es wird angenommen, dass das Management die Jahresrechnung nicht manipulieren würde, um unangenehme Fragen zu vermeiden (Beresford et al., 2003, S. 235). Außerdem behandelte Arthur Andersen das Management von WorldCom schlecht, „in mancher Hinsicht wie einen Gegner" (Beresford et al., 2003, S. 246). Die Führungskräfte von WorldCom hatten eine extreme und beispiellose Kontrolle über den Informationsfluss zu Arthur Andersen und änderten Dokumente, um Unregelmäßigkeiten in der Buchhaltung zu vertuschen. Obwohl dies ein Kennzeichen betrügerischer Finanzberichterstattungspraktiken war, duldete Arthur Andersen dieses

Verhalten, wobei Arthur Andersen sich oft Ausreden einfallen ließ, vermutlich um die Partnerschaft zwischen den Unternehmen aufrechtzuerhalten (Beresford et al., 2003, S. 246-247).

Die letzte Gruppe, die Verantwortung für den Bilanzfälschungsskandal trägt, ist der Verwaltungsrat von WorldCom und die von ihm geleiteten Ausschüsse. Das erste Problem des Verwaltungsrats war, dass alle Mitglieder entweder, „früheren Eigentümern, leitenden Angestellten oder Direktoren von Unternehmen waren. Viele der Direktoren von WorldCom besaßen erhebliche Anteile an von WorldCom erworbenen Unternehmen, und damit auch erhebliche Anteile an WorldCom-Aktien" (Beresford et al., 2003, S. 264-267).

Einer dieser Ausschüsse war der Vergütungsausschuss, der die Gehälter und Boni der Geschäftsleitung festlegte und auch das Aktienoptionsprogramm von WorldCom leitete. Die vom Ausschuss festgelegten Gehaltsniveaus basierten in hohem Maße auf der Empfehlung des CEOs von WorldCom, Bernard Ebbers, der sicher stellte, dass er und der CFO, Scott Sullivan, zwei der höchstbezahlten Führungskräfte des Landes waren (Beresford et al., 2003, S. 270-271). Sie waren auch für die Bereitstellung von Boni zuständig, wofür der Ausschuss zwei Pläne auflegte. Der erste, der bis 2001 geltende Leistungsplan des Unternehmens, legte die Parameter für Boni für Führungskräfte fest, wobei einer der Pläne eine mindestens zehnprozentige Umsatzsteigerung über ein Jahr vorsah. Dies wurde als ein Grund dafür festgelegt, dass die Führungskräfte von WorldCom Rücklagen auflösen und als Einnahmen umbuchen konnten; damit wurden nicht nur die Ziele und Erwartungen der Wall Street erreicht, sondern es wurde Führungskräfte auch ein Bonus zugesichert (Beresford et al., 2003, S. 272). Im zweiten verabschiedeten Programm gab der Vergütungsausschuss Boni für die Bindung an das Unternehmen und verpflichtete die Mitarbeiter, die die Bonus verdient hat, bis Juli 2002 in ihren Positionen zu bleiben. Für alle Mitarbeiter mit Ausnahme des CFO und des CEO wurden die Boni als eine Mischung aus Bargeld und Aktienoptionen gewährt, während der CEO und der CFO, Ebbers und Sullivan, nur Bargeld erhielten. Das Problem bestand darin, dass diese Boni im Voraus gegeben wurden, anstatt der üblichen Marktpraxis der Rückstände, was zu mehreren Klagen gegen die Mitarbeiter führte, die vor Juli 2002 ausschieden (Beresford et al., 2003, S. 273-274). Der Grund dafür, dass die Corporate Governors, insbesondere der Prüfungsausschuss, teilweise als schuldig befunden wurden, bestand darin, dass sie, obwohl sie nicht von dem Rechnungsbetrug wussten, in ihrer Aufsicht so eingeschränkt waren, dass sie nur die offensichtlichsten Formen des Betrugs hätten aufdecken können. Darüber hinaus hatten sie keine unabhängige Führung und verließen sich auf Ebbers, der den Vorstand führte und alle wichtigen Entscheidungen traf (Beresford et al., 2003, S. 277-278). Es wurde nicht festgestellt, dass der Prüfungsausschuss, der sich mit der Geschäftsführung traf und die Finanzberichte prüfte, den Ausmaß des Betrugs hätten vorhersehen können, trotzdem hätte der Prüfungsausschuss strengere Fragen stellen können. Es half nicht, dass Sullivan dem Prüfungsausschuss Informationen verheimlichte oder fälschte, genau wie er es bei Arthur Andersen tat, aber es gab Entwicklungen, die hätten erkannt werden können und die der Prüfungsausschuss genauer hätte geprüft können. Der Prüfungsausschuss unterstützten auch nicht die Abteilung Interne Revision, obwohl sie wussten, dass aufgrund der vollzogenen Fusionen keine vollständige Integration stattfand, so dass die Interne Revisionsabteilung geschwächt und unfähig war, ihre Aufgaben vollständig zu erfüllen. Außerdem traf sich der Revisionsausschuss nur selten mit der Internen Revisionsabteilung. Die Mitglieder sowohl des Prüfungsausschusses als auch des Gesamtverwaltungsrates waren zudem extrem weit von den Geschäftsabläufen entfernt und kannten die Branche nicht gut genug, was ihre Fähigkeit, Fehler in den bereitgestellten Daten zu erkennen, einschränkte (Beresford et al., 2003, S. 279-283). Die Räte erlaubten Ebbers auch, die Sitzungen und die Tagesordnung zu kontrollieren, außerdem interagierte der Verwaltungsrat außerhalb der Sitzungen nie mit dem Unternehmen, was die Rolle des Verwaltungsrats und damit auch dessen Einfluss reduzierte. Der Prüfungsrat stellte selten kritische Fragen und verließe sich weitgehend auf Sullivan und Ebbers, selbst wenn Zweifel an deren Aussagen bestand (Beresford et al., 2003, S. 284-285).

c. Lehman Brothers

Lehman Brothers wurde 1844 ursprünglich als Gemischtwarenladen gegründet, entwickelte sich aber im Laufe der Zeit zu einem Warenhandel und Maklerdiensten (Lioudis, 2019). Die Finanzkrise von 2008 führte schließlich im September 2008 zum Bankrott des größten Unternehmens in der amerikanischen Geschichte. Lehman war zum Zeitpunkt des Bankrotts die viertgrößte Investmentbank der USA, mit einem Gesamtvermögen von 639 Milliarden Dollar und einer Gesamtverschuldung von 619 Milliarden Dollar (Lioudis, 2019). Die Ursache des Konkurses war eine übermäßiges Verwicklung in der US-Subprime-Hypotheken- und Immobilienmarktblase (Wiggins, Piontek, & Metrick, 2014, S. 2).

Im Jahr 2006 hatte Lehman drei Geschäftssegmente: Kapitalmärkte, Investmentbanking und Anlagemanagement. Um vom US-Wohnungsbau-Boom profitieren zu können, hatte das Unternehmen fünf verschiedene Hypothekenkreditgeber erworben. Dabei ging es nicht nur um die Verbriefung von MBS, sondern auch um den Ursprung des Kredits selbst. Vor der

Übernahme dieser Hypothekenkreditgeber erwarb Lehman Vermögenswerte und verkaufte sie dann als Wertpapiere an Dritte, die diese Wertpapiere auf ihre Bücher nahmen (Wiggins et al., 2014, S. 5). Lehman änderte seine Strategie trotz Warnungen, dass der Wohnungsmarkt an Geschwindigkeit verliert. Statt diese Vermögenswerte zu verkaufen, behielt Lehman die Vermögenswert als Investitionen, um sie später zu einem höheren Preis zu verkaufen, was die Gewinne erhöhte. Auf diese Weise blieben diese Vermögenswerte in den Büchern von Lehman erhalten. „2007 war Lehman ein führender Zeichner von MBS für Wohn- und Gewerbeimmobilien" (Wiggins et al., 2014, S. 5). Mitte 2007 hatte Lehman „signifikante Positionen" bei Immobilienanlagen (Wiggins et al., 2014, S. 5). Das Problem bestand darin, dass Immobilien als hochgradig illiquide gelten und auch zu Schwierigkeiten bei der Beschaffung von Barmitteln und der Absicherung etwaiger Risiken führen, was den Verschuldungsgrad eines Unternehmens erhöht. Lehmen definierte das Leverage Ratio als Vermögen geteilt durch Eigenkapital berechnet, und die Investitionen von Lehman in Immobilien erhöhten das Vermögen und damit die Leverage Ratio. Die Strategie, große Mengen an Immobilien zu kaufen, wurde von allen großen Investmentbanken im Vorfeld der Finanzkrise verfolgt. Ein wesentlicher Nachteil dieser Strategie war, dass die Banken zwar Wachstum und Gewinne erzielten, aber mit wenig liquiden Mitteln arbeiteten, was ein Risiko, im Fall eines wirtschaftlichen Einbruchs darstellt, aufgrund dessen liquide Mittel wie Bargeld notwendig werden können (Wiggins et al., 2014, S. 5). Diese Risikoeinschätzung wurde von den Mitarbeitern des Risikomanagements von Lehman geteilt, aber „die Unternehmensleitung missachtete ihre Risikomanager, Richtlinien und Beschränkungen", und kündigte den CRO und anderen leitenden Mitarbeitern aufgrund ihres Widerstands gegen die riskanten Praktiken (Valukas, 2010, S. 46).

Als die Finanzkrise begann, wurde der hohe Immobilienanteil von Lehmans zu einem Problem. Bei einem Verschuldungsgrad von 30,7 im Jahr 2007 musste Lehman entweder den Eigenkapitalanteil erhöhen oder sich von Vermögensgegenständen trennen, um als finanziell gesund zu gelten und von den Rating-Agenturen positive Bewertungen zu erhalten (Wiggins et al., 2014, S. 6). Anfang 2008 konnte Lehman das Eigenkapital um 6 Milliarden Dollar erhöhen; außerdem versuchte Lehman, einige seiner Vermögenswerte zu verkaufen (Wiggins et al., 2014, S. 6). Dies erwies sich als schwierig, da die Preise fielen und Lehman keine Verluste bei diesen Vermögenswerten hinnehmen wollte. Wenn sie dies getan hätten, müsste Lehman die unverkauften Vermögenswerte möglicherweise zum fairen Wert neu bewerten, was zu extremen Abschlägen in der Bilanz hätte können. Lehman begann dann, seine Bilanzen zu manipulieren, um die Dinge besser erscheinen zu lassen, als sie tatsächlich waren. Lehman änderten die Liquiditätsbewertungen, indem sie bestimmte Vermögenswerte ausschlossen und andere, die nicht hätten einbezogen werden dürfen, einbezahlten. Darüber hinaus begann Lehman, verstärkt auf ein Repo mit der Bezeichnung Repo 105 zurückzugreifen (Wiggins et al., 2014, S. 7). „Ein Repo ist ein kurzfristiger Kredit, der durch eine vom Kreditnehmer an den Kreditgeber gelieferte Sicherheit besichert ist. Der Kreditnehmer erklärt sich bereit, die Sicherheit zurückzukaufen, wenn er den Kredit zurückzahlt. Laut Repo 105 entsprach die gelieferte Sicherheit mindestens 105% des Kredits" (Wiggins et al., 2014, S. 8). Die meisten Repos werden als „Finanzierungen" behandelt, wobei die Sicherheiten in den Büchern des Kreditnehmers verbleiben, aber Repo 105 wurden als „Verkäufe" behandelt, und als Folge davon, „konnte der Kreditnehmer (Lehman) die dem Kreditgeber gelieferten Sicherheiten aus seinen Büchern entfernen" (Wiggins et al., 2014, S. 8). Die starke Nutzung des Repo 105 ermöglichte es Lehman, im Laufe der Jahre 2007/2008 Vermögenswerte im Wert von mindestens 50 Mrd. USD zu entfernen, wodurch sich Lehman seinen Verschuldungsgrad dramatisch senken konnte. Aufgrund der „materiellen Auswirkungen" auf die Jahresrechnung hätten die Repo 105 bei allen erforderlichen SEC-Einreichungen gemeldet werden müssen, was aber unterlassen wurde (Wiggins et al., 2014, S. 8).

Diese Taktik trug zwar dazu bei, die Bilanz besser aussehen zu lassen, löste aber nicht das Problem der zugrunde liegenden Liquiditätsprobleme bei. Um funktionsfähig zu bleiben, nahm Lehman Milliarden an den Übernacht-Großhandelsmärkten auf und nutzte kurzfristige Schulden zur Bezahlung langfristiger Vermögenswerte, was andere Unternehmen misstrauisch machte. Einige Unternehmen stellten die Kreditvergabe an Lehman ganz ein oder verlangten mehr Sicherheiten für den gleichen Finanzierungsbetrag (Wiggins et al., 2014, S. 8). Nachdem Bear Stearns beinahe bankrottgegangen war, kursierten Gerüchte, dass Lehman Brothers als nächstes Insolvenz anmelden würde, was den Anfang des Endes für Lehman markierte. Der Verdacht hielt an und verschärfte sich, was dazu führte, dass Lehman hart um die Finanzierung kämpfte. Im Juni 2008 konnte sich Lehman 6 Milliarden Dollar an Eigenkapital sichern, musste aber im gleichen Zeitraum Vermögenswerte im Wert von 3,7 Milliarden Dollar abschreiben (Wiggins et al., 2014, S. 9). Dies führte zu weiteren Problemen, und im September 2008 kündigte Lehman an, dass weitere Vermögenswerte im Wert von 5,6 Milliarden Dollar abgeschrieben werden müssten und über 50 Milliarden Dollar an „toxischen Vermögenswerten" abgespalten werden müssten (Wiggins et al., 2014, S. 9). Fünf Tage nach dieser Ankündigung meldete Lehman Brothers Konkurs an.

Lehman trägt die Hauptschuld, aber mehrere Aufsichtsbehörden haben ihre Aufgabe nicht erfüllt. Lehman wurde von vier verschiedenen Behörden reguliert: der SEC, der CME, dem OTS und der NYFED (Wiggins et al., 2014, S. 10). Nachdem Bear Stearns beinahe zusammengebrochen war, glaubten alle diese Aufsichtsbehörden, dass Lehman Brothers als nächstes scheitern würde, doch sie haben keine Vorschriften implementiert, um sicherzustellen, dass dies nicht geschehen würde (Valukas, 2010, S. 609). Der Insolvenzprüfer stellte fest, dass die SEC von mehreren Fehlschlägen innerhalb von Lehman wusste, und wiederholte gegenüber Lehman, dass Probleme gab, aber keine Änderungen erforderlich seien (Valukas, 2010, S. 1510). Es gab auch eine Absichtserklärung zwischen der SEC und der NYFED, Informationen über Lehman untereinander auszutauschen, um Lehman besser zu regulieren, aber sie „teilten nicht alle wesentlichen Informationen, die jeder von ihnen gesammelt hatte" (Valukas, 2010, S. 1516).

Die letzte Gruppe, die die Schuld trägt, ist der Wirtschaftsprüfer von Lehman, EY. EY wusste, dass Lehman die Politik des Repo 105 „seit mehreren Jahren" umgesetzt hatte (Valukas, 2010, S. 948). Laut dem Ermittler „stimmte EY mit dem Ansatz von Lehman in Bezug auf SFAS 140 überein, aber basierte seine Meinung nicht auf eine gründliche Analyse, ob die tatsächlichen Repo 105-Transaktionen mit SFAS 140 übereinstimmten. Die Übereinstimmung war rein 'theoretisch'" (Valukas, 2010, S. 949). Darüber hinaus prüfte EY keine Repo 105-Transaktionen und fragte auch nicht nach Trends in der Anwendung von Repo 105. Schließlich war EY nicht bereit, dem Untersuchungsbeauftragten mitzuteilen, ob die Repo 105-Transaktionen für die Jahresrechnung wesentlich waren oder nicht (Valukas, 2010, S. 953-954). Obwohl Lehman ihre Finanzberichte bis zum Punkt der Wesentlichkeit änderte, hätte EY eine professionellere Skepsis ausüben sollen und weiter Untersuchungen durchführen sollen.

3 Reaktion der „Standard-Setter" auf die Unternehmenskrise

a. Reaktion in der USA

i. Gesetzliche Änderungen

Es gab drei wichtige Gesetze in den Vereinigten Staaten, die als Reaktion auf die zuvor erklärten Krisen verabschiedet wurden, den Sarbanes-Oxley Act von 2002 und den Dodd-Frank Act von 2010. Sarbanes-Oxley wurde vor allem als Reaktion auf Enron und WorldCom verabschiedet, während Dodd-Frank als Reaktion auf den Zusammenbruch von Lehman Brothers sowie auf andere Unternehmen, die während der Finanzkrise Probleme hatten, aber nicht bankrottgingen, verabschiedet wurde.

Nach dem Zusammenbruch von Enron und WorldCom verabschiedete der Kongress der Vereinigten Staaten schnell das Sarbanes-Oxley-Gesetz von 2002, benannt nach dem Vertreter des Repräsentantenhauses bzw. dem Senator, der die Verabschiedung des Gesetzes anführte. Sarbanes-Oxley bemüht sich, die Transparenz in den Jahresabschlüssen zu erhöhen, das Risiko für die Investoren zu reduzieren, die internen Kontrollen der Unternehmen zu verstärken und sicherzustellen, dass die Führungskräfte verstehen, was in ihren Unternehmen und Jahresabschlüssen vor sich geht, indem sie diese mit dem Risiko des Betrugs belegten ("Sarbanes-Oxley Act", n.d.). Das Gesetz besteht aus 11 Abschnitten, und mit diesem Gesetz wurden Bestimmungen von vier weiteren US-Gesetzen geändert: das Wertpapiergesetz von 1933, das Börsengesetz von 1934, das Gesetz über Investmentgesellschaften von 1940 und das Gesetz zur Reglung von Anlageberater von 1940 ("Summary of the Sarbanes-Oxley Act", 2003). Von den 11 Elementen des Gesetzes ist man sich einig, dass die wichtigsten Abschnitte die Sektionen 101, 302, 401, 404, 409 und 802 ("Sarbanes-Oxley Act", n.d.) sind. In Abschnitt 101 des Sarbanes-Oxley-Gesetzes wird das PCAOB eingerichtet, das weitreichende Befugnisse für Wirtschaftsprüfungsunternehmen und den gesamten Berufsstand der Wirtschaftsprüfer enthält. Das PCAOB ist verantwortlich für,

> Die Registrierung von öffentlichen Wirtschaftsprüfungsgesellschaften, die Prüfungsberichte erstellen... die Einführung oder Annahme von Standards für die Prüfung, Qualitätskontrolle, Ethik, Unabhängigkeit und andere damit zusammenhängende Normen in Bezug auf die Erstellung von Prüfungsberichten... die Durchführung von Inspektionen bei registrierten öffentlichen Wirtschaftsprüfungsgesellschaften... die Durchsetzung der Einhaltung dieses Gesetzes (107 P.L. 204, Sec. 101).

Die Abschnitte 302 und 401 betreffen die Regeln für Jahresabschlüsse, die besagen, dass die Jahresabschlüsse korrekt sind, interne Kontrollen durchlaufen haben und von der Unternehmensleitung unterzeichnet und geprüft wurden ("Sarbanes-Oxley Act", n.d.). Abschnitt 409 betrifft die Anmerkungen und Offenlegungen, wobei insbesondere verlangt wird, dass „drastische Änderungen in den Finanzgeschäften" in „klaren, eindeutigen Worten" dargestellt werden müssen ("Sarbanes-Oxley Act", n.d.). Abschnitt 802 legt neue strafrechtliche Sanktionen für Betrug fest ("Sarbanes-Oxley Act", n.d.). Sarbanes-Oxley legt auch neue Regeln für Wirtschaftsprüfer fest: Sie dürfen keine bestimmten Nichtprüfungsleistungen für die Prüfung von Kunden erbringen, die leitenden Partner müssen alle fünf Jahre wechseln, und die Wirtschaftsprüfer müssen dem Prüfungsausschuss über kritische Rechnungslegungsgrundsätze, alternative Behandlungen und andere wesentliche schriftliche Mitteilungen berichten ("Summary of the Sarbanes-Oxley Act", 2003). Schließlich verlangt Abschnitt 404 die Offenlegung der internen Kontrollen und ihrer Struktur sowie die Bewertung der Wirksamkeit der internen Kontrollen und ihrer Auswirkungen auf die Berichterstattungsverfahren. Die Wirtschaftsprüfer müssen auch die internen Kontrollen und Berichtsverfahren prüfen und testen ("Sarbanes-Oxley Act", n.d.).

Das wichtigste Gesetz, das als Reaktion auf diese Unternehmenskrisen, die die Finanzkrise von 2008 verursachten, verabschiedet wurde, war der Wall Street Reform and Consumer Protection Act auch Dodd-Frank Act von 2010 genannt (Huntington, 2015). Laut Präsident Barack Obama war der Mangel des Finanzsystems „eine unzureichende Aufsicht und Regulierung", so dass „die Steuerzahler zur Kasse gebeten werden, wenn eine Institution versagt", und es den Kreditgebern erlaubt war, „die Verbraucher in komplexe Kredite mit versteckten Kosten zu locken". Der Dodd-Frank sollte alle diese Probleme lösen (Goodwin, 2010). Für den ersten Teil legt Dodd-Frank strenge Standards fest, darunter Kapital- und Leverage-Anforderungen, die zum Fallstrick für Lehman wurden, sowie Risikomanagementstandards und Stresstests für SIFI (Goodwin, 2010). Der Dodd-Frank führte auch die „Volcker-Regel" in Abschnitt 619 ein, um mehr Transparenz beim Handel und Clearing von Derivaten zu schaffen und um versicherten Depotbanken den Eigenhandel, das Sponsoring oder die Investition in Hedge- oder Private-Equity-Fonds zu verbieten (Huntington, 2015). Der Eigenhandel wird weit gefasst, um Transaktionen zu erfassen, die über das „Handelskonto" einer Bankeinheit abgewickelt werden, hat aber bemerkenswerte Ausnahmen wie bonafide Hedging-Transaktionen und Underwritings (Huntington, 2015). Um Steuerzahler nicht mehr länger zur Kasse bitten zu müssen um Banken zu retten, schuf Dodd-Frank die „OLA", die der Regierung die Möglichkeit gibt, systemisch wichtige Nicht-Bank-Finanzunternehmen, die kurz vor dem Zusammenbruch stehen, zu übernehmen und abzuwickeln. Große Finanzinstitute würden die Kosten für die Abwicklung tragen, so dass die Steuerzahler nicht gezwungen wären, sie zu übernehmen. Wenn man schließlich von den „komplexen Krediten mit versteckten Kosten" spricht, hat Dodd-Frank drei wichtige Bestimmungen. Die erste ist die Einrichtung des CFPB, das Vollstreckungsbefugnisse über die föderalen Verbraucherschutzgesetze und Befugnisse über große und mittlere Banken/Finanzunternehmen enthält, um die Verbraucher zu schützen. Die zweite ist die Schaffung des Konzepts der qualifizierten Hypotheken oder Hypothekendarlehen, die bestimmte Kriterien erfüllen, so dass die Darlehensnehmer das Erfordernis der Zahlungsfähigkeit erfüllen können. Sollte diese Kriterien nicht erfüllt werden und trotzdem eine Hypothek vergeben werden, ist dies eine Abwehr gegen die Abschottung. Die letzte Bestimmung ist die Abschaffung von Renditeaufschlägen, die als Anreiz für die Förderung der Aufnahme von teureren Kredite dienten (Goodwin, 2010). Zusätzlich zu diesen Maßnahmen wirkt sich Dodd-Frank auch auf die Corporate Governance aus, indem er mehr Offenlegungen und Regeln für die Abstimmung im Verwaltungsrat vornimmt. Der Dodd-Frank Act änderte auch den Sarbanes-Oxley Act, indem er die Anzahl der Unternehmen, die Abschnitt 404(b) unterliegen, der aufgrund von Kosten interne Kontrollen beinhaltet, reduziert. Dodd-Frank schuf das neue OCR, um die Kreditrating-Agenturen zu beaufsichtigen und neue Regeln bezüglich interner Kontrollen, Unabhängigkeit und Transparenz zu schaffen, da Kreditrating-Agenturen in der Finanzkrise eine Rolle spielten (Huntington, 2015). Eine der anderen wichtigen Bestimmungen von Dodd-Frank war die Stärkung der Aufsichtsbehörden in ihrer Fähigkeit, Aufsicht zu führen und Regeln durchzusetzen. Die SEC war der Hauptnutznießer davon, indem die SEC die Verhängung von Geldstrafen und eine Methode zur landesweiten Zustellung von Vorladungen zuließ. Diese Regeln stärkten auch die bestehenden Whistleblower-Gesetze von Sarbanes-Oxley durch monetäre Belohnungen sowie durch zivilrechtliche Maßnahmen, die gegen Vergeltungsmaßnahmen der Arbeitgeber ergriffen werden können. Es gibt auch Regeln, die alle Strafen für diejenigen ausweiten, die gegen Bundessicherheitsgesetze verstoßen.

ii. Reaktion in den Rahmen der Rechnungslegung

Da sowohl Sarbanes-Oxley als auch Dodd-Frank mehr Offenlegung verlangten und die Art und Weise der Berichterstattung änderten, musste die US-Buchhaltungsbranche sich entsprechend anpassen. Das PCAOB half, diese Änderungen an den US GAAP in Zusammenarbeit mit dem FASB voranzutreiben. Eine der ersten Maßnahmen war ein Projekt zur Schaffung der ASC, in der alle Standards nach US GAAP zusammengestellt werden. Mit der Erstellung der Kodifizierung verfolgte das FASB drei Ziele;

den Zugang der Benutzer zu vereinfachen, indem alle maßgeblichen US-GAAP an einer Stelle kodifiziert werden, sicherzustellen, dass der kodifizierte Inhalt die maßgeblichen US-GAAP ab Juli 2009 genau wiedergibt, und ein Kodifizierungsforschungssystem zu schaffen, dass für die veröffentlichten Ergebnisse der Standardsetzungsaktivitäten auf dem neuesten Stand ist (FASB, 2014 S. 5).

Wenn man die Ursachen der buchhalterischen Seite der Unternehmenskrisen betrachtet, gibt es einige allgemeine Konzepte, die beschreiben können, wo genau die Probleme lagen: außerbilanzielle Transaktionen, Ertragserfassung und Behandlung von Finanzinstrumenten

Außerbilanzielle Transaktionen standen im Mittelpunkt der SPE von Enron und wurden daher in Sarbanes-Oxley ins Visier genommen. Bevor das FASB die Kontrolle über die Festlegung von Rechnungslegungsstandards übernahm, hat der Ausschuss für Rechnungslegungsverfahren dies ursprünglich durch die Herausgabe von ARB getan, um Richtlinien vorzuschreiben. ARB 51 legte 1959 den Standard für die Regeln zur Konsolidierung von externen Einheiten fest und wurde erst 2001 mit der Herausgabe von SFAS 140 überarbeitet und aktualisiert. ARB 51 funktionierte bis zur Entwicklung ausgeklügelter und komplexer juristischer Einheiten und Vereinbarungen. Diese Vereinbarungen es einem Unternehmen ermöglichten, eine Einheit zu kontrollieren, ohne über eine Mehrheitsbeteiligung zu verfügen, eine Schlüsselbestimmung in ARB 51 (Nolte, 2009). SFAS 140, der Nachfolger von ARB 51, definierte das Kriterium einer SPE und den Zeitpunkt ihrer Konsolidierung sowie die Bedingungen, wann eine Übertragung von Aktiva/Passiva als Verkauf zu zählen ist (Nolte, 2009). Nach dem Zusammenbruch von Enron schuf die SEC Regeln auf der Grundlage von Abschnitt 401(a) des Sarbanes-Oxley-Gesetzes, die eine obligatorische Offenlegung aller außerbilanziellen Vereinbarungen oder vertraglichen Verpflichtungen im Rahmen der MD&A Sektion forderten ("SEC Adopts Final Rules", 2003). Diese außerbilanziellen Transaktionen müssen in einem bestimmten Abschnitt der MD&A gesondert ausgewiesen werden und erfordern e zusätzliche Offenlegung. Diese Regeln erhöhen auch den Umfang der erforderlichen Offenlegung in den MD&A in Bezug auf die Liquidität sowie die Kapitalressourcen. Weiterhin wurde die Definition einer außerbilanziellen Vereinbarung aktualisiert. Als außerbilanzielle Vereinbarung gilt:

jede vertragliche Vereinbarung, an der eine nicht konsolidierte Einheit beteiligt ist und bei der das Unternehmen Folgendes hat oder in Zukunft haben könnte: eine Verpflichtung aus bestimmten Garantieverträgen; eine zurückbehaltene/bedingte Beteiligung an Vermögenswerten, die an eine nicht konsolidierte Einheit übertragen wurden, oder eine ähnliche Vereinbarung, die als Kredit-, Liquiditäts- oder Marktrisikounterstützung für diese Einheit für solche Vermögenswerte dient; eine Verpflichtung aus bestimmten derivativen Instrumenten; oder eine Verpflichtung aus einer wesentlichen variablen Beteiligung an einer nicht konsolidierten Einheit, die: dem Unternehmen Finanzierungs-, Liquiditäts-, Marktrisiko- oder Kreditrisikounterstützung bietet oder Leasing, Hedging sowie F&E-Dienstleistungen mit dem Unternehmen erbringt ("SEC Adopts Final Rules", 2003).

Die Umsatzrealisierung trug Teilschuld am Bankrott von WorldCom und löste eine große Debatte darüber aus, wie die Umsatzrealisierung im US-GAAP geregelt werden sollte. Die neuen Standards traten für öffentliche Unternehmen spätestens 2018 in Kraft, nachdem 2014 Regeln mit klärenden Aktualisierungen im Jahr 2015 und weitere drei Änderungen im Jahr 2016 verabschiedet worden waren (AICPA, 2018). Bevor diese Standards in Kraft traten, gab es in den US GAAP „komplexe, detaillierte und uneinheitliche Anforderungen an die Umsatzrealisierung für bestimmte Transaktionen und Branchen ... verschiedene Branchen verwendeten eine unterschiedliche Rechnungslegung für wirtschaftlich ähnliche Transaktionen" (Revenue Recognition, 2015). Durch die Aktualisierung der Standards konnte das FASB Inkonsistenzen und Schwächen früherer Anforderungen beseitigen, einen besseren Rahmen schaffen und die Vergleichbarkeit zwischen den Branchen gewährleisten (Revenue Recognition, 2015). Der neue Standard folgt einem Kernprinzip zur Erfassung von Einnahmen. Dieser Prozess kann in fünf Schritten beschrieben werden: „1. den Vertrag identifizieren; 2. die Leistungsverpflichtungen identifizieren; 3. den Preis bestimmen; 4. den Preis den Leistungsverpflichtungen zuordnen; 5. die Einnahmen erfassen, wenn die Verpflichtungen erfüllt sind" (Revenue Recognition, 2015).

Die Behandlung von Finanzinstrumenten spielte beim Konkurs von Lehman Brothers und der Finanzkrise eine zentrale Rolle, und daher hielt es das FASB für unerlässlich, eine klarere und transparentere Rechnungslegung für Finanzinstrumente zu entwickeln. Diese wurde in drei Phasen aufgeteilt: Kreditverluste, Erfassung und Bewertung sowie Absicherung (Accounting for Financial Instruments, 2017). Vor der neuen Aktualisierung im Jahr 2016 wurden Kreditverluste ursprünglich nach der Methode der „eingetretenen Verluste" verbucht, was bedeutet, dass die Verbuchung so lange verschoben wird, bis es wahrscheinlich ist, dass tatsächlich ein Verlust eingetreten ist. Der neue Standard schreibt eine Wertberichtigung für Kreditverluste vor, die von den amortisierten Kosten des finanziellen Vermögenswertes abgezogen bzw. zu diesem Werte hinzugefügt wird. Die Änderungen in dieser Wertberichtigung für Kreditverluste werden in der Gewinn- und Verlustrechnung ausgewiesen (Credit Losses, 2016). Ebenfalls 2016 wurde eine Aktualisierung für die Erfassung und Bewertung von Finanzinstrumenten herausgegeben, die 2020 in Kraft treten wird. Einige der wichtigsten Bestimmungen dieser Aktualisierung sind,

dass Kapitalbeteiligungen zum beizulegenden Zeitwert bewertet werden müssen, wobei Änderungen des beizulegenden Zeitwerts im Nettogewinn berücksichtigt werden müssen, dass bei der Bewertung des beizulegenden Zeitwerts der Begriff des Ausstiegspreises verwendet werden muss und dass finanzielle Vermögenswerte und finanzielle Verbindlichkeiten in der Bilanz nach Bewertungskategorie und Form des finanziellen Vermögenswertes getrennt ausgewiesen werden müssen (Accounting for Financial Instruments, 2017).

Schließlich wurde 2017 vom FASB eine Aktualisierung der Bilanzierung von Sicherungsgeschäften (Hedge Accounting) vorgeschlagen, die 2020 in Kraft treten soll. „Heute ist die Bilanzierung von Absicherungsgeschäften ein optionaler Ansatz, der die Volatilität der Bilanzierung minimiert," die entsteht, „wenn Derivate zur Absicherung von noch nicht ausgewiesenen Einnahmen sowie-Ausgaben oder zur Absicherung von Aktiva sowie Verbindlichkeiten, die nicht zum Marktwert über den Nettogewinn bewertet werden, eingesetzt werden" (Accounting for Financial Instruments, 2017). Um dies zu verändern, schlägt das FASB vor, die Standards für die Bilanzierung von Absicherungsgeschäften näher an die Risikomanagementmaßnahmen eines Unternehmens anzupassen. Das FASB schlägt außerdem vor die Bilanzierung von Sicherungsgeschäften sowohl für Finanz- als auch für Rohstoffrisiken zu aktualisieren und gleichzeitig den Verwaltungsaufwand zu reduzieren (Accounting for Financial Instruments, 2017).

b. Wichtige Entwicklungen in Europa

i. Regulatorische Veränderungen in Europa

Wie die USA reagierte auch die EU auf die gleichen Krisen und verabschiedete einige neue Regelungen, die teilweise zur Standardisierung von Regulationen beitragen mit dem Ziel es Unternehmen, die in beiden Regionen tätig sind, einfacher zu machen. Die wichtigsten Reaktionen der EU waren die Verabschiedung der Baseler Rahmenvereinbarung, nämlich Basel II und III, und die Schaffung des ESFS.

Der erste Teil der Baseler Rahmenvereinbarung wurde 1988 verabschiedet und seither dreimal aktualisiert, nämlich mit Basel II, Basel 2.5 und Basel III. Basel II wurde 1999 verabschiedet und 2004 vollständig umgesetzt, vor allem als Reaktion auf die Fortschritte bei der Finanzmodellierung und die Zunahme der Arbitrage-Banken, die Basel II durchlaufen mussten (Cornford, 2005). Zu diesem Zweck gab der Basler Ausschuss ein neues Rahmenwerk für die Kapitaladäquanz heraus, das auf drei Säulen beruht. Die erste Säule legte Mindestkapitalanforderungen auf der Grundlage von Bankrisiken fest und stellte eine Förderung und Weiterentwicklung der Regeln von Basel I dar. Die zweite Säule schuf eine aufsichtsrechtliche Überprüfung der internen Bewertungsprozesse von Institutionen sowie ihrer Kapitaladäquanz. Die dritte Säule schuf schließlich neue Offenlegungsanforderungen, da man glaubte, dass dies die Marktdisziplin stärken und bessere Bankpraktiken fördern würde (History of the Basel Committee, 2014). Basel II bot weitere Anreize zur Verbesserung des Risikomanagements und der internen Kontrollen, wobei die Probleme von Basel I berücksichtigt und die Transparenz erhöht wurden. Eines der größten Probleme, dass durch Basel II verursacht wurde, war die Frage, wie man die Genehmigung für Praktiken in verschiedenen Rechtsordnungen erhalten kann. Obwohl dies auch in Basel I geregelt wurde, schuf Basel II mehr Regeln und Vorschriften, die befolgt werden mussten, was den Bedarf an Kommunikation zwischen den Aufsichtsbehörden des „Heimat- und Gastlandes" erhöhte. Die Herkunftslandbehörden sind Aufsichtsbehörden im Heimatland, während eine Gastlandaufsichtsbehörde eine Aufsichtsbehörde in einem ausländischen Land ist, die in diesem Land tätig ist (History of the Basel Committee, 2014). Basel 2.5 ist die informelle Bezeichnung für einige Aktualisierungen von Basel II, die während der Finanzkrise in Kraft getreten sind. Obwohl die ersten Aktualisierungen nicht direkt auf den Zusammenbruch von Lehman Brothers zurückzuführen waren, bezogen sich die beiden folgenden Aktualisierungen auf spezifische Fragen von Lehman, wie etwa komplexe Verbriefungspositionen und außerbilanzielle Regelungen (History of the Basel Committee, 2014). Darüber hinaus verlangte

Basel 2.5 ein strengeres Risikomanagement sowie mehr Offenlegung bezüglich der Geschäftstätigkeit, um die Transparenz zu erhöhen und Positionen der Banken, die zuvor außerbilanziell waren, zu klären (Basel Framework, 2017). Im Juli 2010 wurde angekündigt, dass Basel III von der Gruppe der Präsidenten und Leiter der Aufsichtsbehörden im Rahmen eines neuen Kapital- und Liquiditätsreformpakets entwickelt werden soll (History of the Basel Committee, 2014). Wie auch die anderen Aktualisierungen der Baseler Rahmenvereinbarung zielt Basel III darauf ab, „die Widerstandsfähigkeit des Bankensektors durch strengere Kapital- und Liquiditätsvorschriften zu erhöhen und dadurch das Risiko von Problemen des Finanzsektors, die die Realwirtschaft betreffen, zu verringern" und gleichzeitig die Risikomanagementtechniken und die Offenlegung zu verbessern (Basel Framework, 2017). Die Reformen von Basel III mussten zwischen 2013 und 2019 schrittweise eingeführt werden. Zu den spezifischen Reformen gehören die Einführung eines Leverage Ratio, eines antizyklischen Kapitalpuffers, einer zusätzlichen Schicht von Common Equity und erneut geänderte Liquiditätsanforderungen (History of the Basel Committee, 2014). Stammaktien sind definiert als Gezeichnetes Kapital plus einbehaltene Gewinne plus OCI (Deloitte, 2014, S. 7). Die letzten Reformen von Basel III wurden 2017 abgeschlossen und trugen dazu bei, etwaige Lücken im ursprünglichen Entwurf des Basel-III-Rahmens zu schließen (History of the Basel Committee, 2014). Wie bei allen anderen Rahmenwerken stellt Basel III die absoluten Minimumanforderungen dar, die ein Unternehmen folgen sollte. Unternehmen werden gewöhnlicherweise dazu ermutigt, noch weiter zu gehen. Zur Umsetzung von Basel III wurde 2013 das CRD IV-Paket von der EU verabschiedet, das sowohl die CRD IV als auch die CRR-Gesetze umfasst (Deloitte, 2014, S. 4). Das CRD-IV-Paket besteht aus vier Schlüsselkomponenten: 1. die Verbesserung der Quantität und Qualität der Kapitalbasis, 2. die Verbesserung der lang- und kurzfristigen Liquidität, 3. die Verringerung der Verschuldung und 4. Die Verbesserung der Risikodeckung (Deloitte, 2014, S. 5). Die CRD IV muss durch nationales Recht umgesetzt werden, während das CRR für in der EU tätige Unternehmen unmittelbar anwendbar ist (CRD IV, 2019).

Die letzte Reaktion der EU war die Schaffung des ESFS im Jahr 2011, das sich aus drei verschiedenen Aufsichtsorganen zusammensetzt: der EBA, der ESMA und schließlich der EIOPA. Diese drei Organe sind für die mikroprudentielle Aufsicht zuständig, die „durch ein vielschichtiges System von Behörden gekennzeichnet ist, die nach Sektorbereichen und dem Niveau der Aufsicht und Regulierung getrennt sind" (Rakić und Dessimirova, 2019).

Die Hauptaufgabe der EBA besteht darin, „zur Schaffung des Europäischen Einheitlichen Regelwerks für das Bankwesen beizutragen", wobei sie auch die Aufgaben hat,

1. Als Vermittler bei grenzüberschreitenden Streitigkeiten einzutreten, 2. zur Untersuchung angeblich falscher oder unzureichender Anwendung von EU-Rechtsvorschriften durch nationale Behörden durchzuführen und 3. Die Bewertung von Risiken und Schwachstellen im EU-Bankensektor durch Risikobewertungsberichte und paneuropäische Stresstests vorzunehmen (Mission und Tasks, 2019).

Die ESMA „sichert die Stabilität des EU-Finanzsystems, indem sie den Anlegerschutz verbessert und stabile und geordnete Finanzmärkte fördert" (Who We Are, 2019). Dies geschieht durch die Bewertung der Risiken für Anleger, Märkte und Finanzstabilität, die Vervollständigung eines einheitlichen Regelwerks für die EU-Finanzmärkte, die Förderung des aufsichtsrechtlichen Vertrauens und die direkte Beaufsichtigung von Finanzinstituten (Who We Are, 2019).

Die letzte Behörde ist die EIOPA, die „Risiken und Schwachstellen überwacht und bewertet, um die notwendigen Aufsichtsmaßnahmen zu erleichtern oder zu koordinieren", wobei sie durch eine präventive Linse blickt (Mac, 2020).

ii. Entwicklungen in der Rechnungslegung

Im Jahr 2000 wurde das IASC in einen Vollzeit-IASB umstrukturiert, was zur Annahme der IAS als Rechnungslegungsstandards führte. Seitdem hat das IASB die IAS zu IFRS reformiert (History of IFRS, 2020). Gegenwärtig gibt es 17 IFRS-Standards und 24 IAS Standards, die zusammen die Rechnungslegung nach dem IASB bilden (History of IFRS, 2020). Das IASB hat versucht, den Großteil seiner neuen Standards zu aktualisieren, um sie an die US-GAAP anzugleichen, oft als Reaktion auf dieselben Vorfälle, die zu einer Änderung der US-GAAP geführt haben. Aus diesem Grund werden die wichtigsten Standards IFRS 9 - Finanzinstrumente, IFRS 15 - Erträge aus Verträgen mit Kunden und IFRS 16 - Leasingverhältnisse in Folge näher erläutert.

IFRS 9- Finanzinstrumente, wurde im Juli 2014 herausgegeben. Dieser Standard ersetzte IAS 39. Seit seiner Einführung hat er mehrere Aktualisierungen erhalten, die letzte dieser Aktualisierung im Oktober 2017 (2017, IFRS 9, History). Dies geschah in der Absicht einer schrittweisen Einführung, wobei einige Teile des alten IAS 39 beibehalten und gleichzeitig erweitert und klarer formuliert wurden. Die erste Phase erfolgte nach der Herausgabe im November 2009, die neue Anforderungen an die Klassifizierung und Bewertung von finanziellen Vermögenswerten forderte. Phase 2 wurde im Oktober 2010 veröffentlicht und fügte weitere Anforderungen zur Bilanzierung von finanziellen Verbindlichkeiten und zur Ausbuchung von finanziellen Vermögenswerten und Verbindlichkeiten hinzu. Die dritte Phase folgte im November 2013, in der das neue allgemeine Absicherungsrechnungsmodell eingeführt wurde. Die letzte Phase wurde im Juli 2014 umgesetzt, in der ein neues Modell für erwartete Wertminderungen und begrenzte Änderungen zur Klassifizierung und Bewertung von finanziellen Vermögenswerten eingeführt wurden (2017, IFRS 9). Dieser Standard wurde als Reaktion auf die Finanzkrise und den Bankrott von Lehman Brothers eingeführt, wobei die Kommunikation mit dem FASB eingeschränkt war. Wenn ein neues Finanzinstrument hinzugefügt wird, wird es zunächst zum FVTPL. Es gibt drei Methoden, um ein Schuldinstrument zu bewerten, und zwar FVTPL, optionale Behandlung, und amortisierte Kosten, die zwei Tests vorsehen, oder FVTOCI, das ebenfalls zwei Tests vorsieht (2017, IFRS 9, Debt Instruments). Bei der Prüfung, ob ein Instrument ausgebucht werden kann, muss zunächst die spezifische Art des Instruments festgelegt werden, und sobald der Vermögenswert bzw. die Verbindlichkeit identifiziert ist, muss der Nachweis erbracht werden, dass die Übertragung des Instruments erfüllt ist. Es gibt spezifische Bedingungen für den Nachweis, ob das Instrument übertragen wurde. Dieser Teil des Standards wurde aus IAS 39 übernommen (2017, IFRS 9). Es gibt sechs weitere Teile von IFRS 9; einer davon betrifft Derivate und eingebettete Derivate, wie sie zu bilanzieren sind und wie zu bestimmen sind, ob ein Derivat eingebettet ist, sowie die Bilanzierung von Sicherungsgeschäften. Es gibt ein spezifisches Kriterium, das erfüllt sein muss, um die Bilanzierung von Sicherungsgeschäften zu sichern, und dann die Art des gewählten Sicherungsgeschäfts: beizulegender Zeitwert, Cashflow oder die Absicherung einer Nettoinvestition in einen ausländischen Betrieb (2017, IFRS 9). Offenlegung und Wertminderung sind die letzten beiden Teile von IFRS 9.

IFRS 15 wurde im Mai 2014 veröffentlicht und ersetzt IAS 11 und 18 sowie IFRIC 13, 15 und 18 und schließlich SIC-31 (2016, IFRS 15, Superseded Standards). Dieser Standard wurde ebenfalls gemeinsam mit dem FASB als Konvergenzstandard herausgegeben, und zwar aus zwei Hauptgründen. Der erste ist dem FASB insofern ähnlich, als dass es für verschiedene Unternehmen unterschiedliche Regeln für die Erfassung von Erträgen vorgibt, und der zweite Grund ist, dass er, da er dem FASB ähnlich ist, nun besser vergleichbar ist (History of IFRS, 2020). Der Standard ist fast genau gleich wie der US-GAAP-Standard, da das Konzept der Umsatzrealisierung dem gleichen fünfstufigen Prozess folgt (2016, IFRS, The Five-Step Model

Framework). IFRS ist spezifischer, da jeder Teil des Prozesses aufschlüsselt und erklärt wird. Es erklärt auch was berücksichtigt werden sollte, wie jeder Teil des Prozesses abgeschlossen werden könnte und letztendlich, wie die Schlüsselbegriffe in jedem Teil des Prozesses definiert werden. IFRS 15 erklärt auch die Regeln für die Aktivierung der Kosten die für die Erlangung und Erfüllung eines Vertrags nötig sind. Wenn ein Unternehmen erwartet, dass die anfallenden zusätzlichen Kosten gedeckt werden, müssen sie aktiviert werden. Dies gilt aber nur für die Kosten, die auch dann angefallen wären, wenn sie den Auftrag nicht erhalten hätten. Kosten, die während der Erfüllung eines Vertrages anfallen, müssen zunächst drei Kriterien erfüllen: Die Kosten müssen in direktem Zusammenhang mit einem Vertrag, stehen, sie müssen die Ressourcen des Unternehmens, die zur Erfüllung zukünftiger Leistungsverpflichtungen verwendet werden, erzeugen oder verbessern und es wird erwartet, dass die Kosten gedeckt werden (2016, IFRS 15, Contract Costs). Die Kosten können nur aktiviert werden, wenn alle drei Kriterien erfüllt sind. Der aktivierte Vermögenswert muss dann abgeschrieben werden. Bei der Darstellung in der Jahresrechnung muss der Status der Vertragserfüllung bewertet werden. Sollte ein Kunde vor der Erfüllung der Verpflichtungen bezahlt haben, wird der Verkäufer eine Verbindlichkeit in der Bilanz ausweisen; und sollte der Verkäufer die Verpflichtung erfüllt haben, aber der Kunde nicht bezahlt haben, wird der Verkäufer eine Forderung ausweisen. Wenn sowohl der Kunde bezahlt hat, als auch der Verkäufer seine Verpflichtungen erfüllt hat, dann wird der Verkäufer einen Ertrag verbuchen (2016, IFRS 15, Presentation in the Financial Statements). Was schließlich die Offenlegung anbelangt, so gibt es qualitative und quantitative Informationen, die offengelegt werden sollten. Allerdings müssen folgende Angaben gemacht werden: Verträge mit Kunden, wesentliche Beurteilungen und Änderungen in der Beurteilung bei der Anwendung des Standards sowie alle Vermögenswerte, die aus den Kosten für die Erlangung oder Erfüllung eines Vertrags erfasst werden (2016, IFRS 15, Disclosures).

Schließlich wurde im Januar 2016 IFRS 16-Leasing veröffentlicht, dass das IAS 17 ersetzte. In diesem Standard wird ein Leasingvertrag sowohl für den Leasinggeber als auch für den Leasingnehmer definiert. Die Bilanzierung von Leasingverträgen wurde wesentlich geändert und unterscheidet die Leasingverhältnisse in Betriebs- oder Finanzierungsleasing. Die Behandlung unterscheidet sich nach Leasingvertrag (2016, IFRS 16, History of IFRS 16). Dies hat sich dahingehend geändert, dass es nur noch eine Klassifizierung gibt: Ist es ein Leasingvertrag oder nicht? Wenn es sich um ein Leasingvertrag handelt, verbucht der Leasingnehmer einen Nutzungsrechtsgegenstand, der im Laufe der Zeit abgeschrieben wird, und eine Leasingverbindlichkeit. Die Leasingverbindlichkeit wird durch den Barwert aller Zahlungen, die während der Leasingdauer geleistet werden, bewertet. Die Verbindlichkeit kann durch Änderungen der Leasinglaufzeit, der Ausübung einer Kaufoption, Änderungen der erwarteten Zahlungsbeträge oder eine Änderung des Zinssatzes/Indexes, der die Leasingzahlungen ändert, neu bewertet werden (2016, IFRS 16, Accounting by Lessees). Leasinggeber müssen definieren, ob es sich bei einem Leasingvertrag um ein Finanzierungs- oder ein Operating-Leasingverhältnis handelt. Diese werden grundsätzlich gleich behandelt, mit dem einzigen Unterschied, dass bei einem Finanzierungsleasing ein Leasinggeber Finanzerträge erfasst und einen Vermögenswert in Höhe der nächsten Investition in den Leasingvertrag verbucht (2016, IFRS 16, Accounting by Lessors). Schließlich werden Rückmietverkauf-Transaktionen definiert und die Behandlung erläutert.

4 Herausforderungen bei der Implementierung der veränderten Regulierung

a. Der Umfang und Tiefe der Regulierung

Wenn der Gesetzgeber Gesetze schafft, die das gegenwärtige System radikal verändern, wie es etwa Basler Abkommen, der Dodd-Frank Act und der Sarbanes-Oxley Act taten, dann erfordert dies eine gewisse Tiefe und gelegentlich einen breiten Anwendungsbereich. Dies kann zu einer Vielzahl von Umsetzungsfragen führen.

Der Dodd-Frank Act von 2010 war ein 848-seitiger Gesetzentwurf, der etwa 1500 Bestimmungen enthielt und die Auflage enthielt, dass 398 Regeln aufgestellt werden mussten (McCoy, 2013). Der Dodd-Frank Act gilt als die „weitläufigste Finanzreform seit den 1930er Jahren", da sie jeden Amerikaner durch die Regulierung der Finanzindustrie betrifft (McCoy, 2013). Diese Breite führte in mehrfacher Hinsicht zu Problemen bei der Umsetzung. Eine der ersten Fragen ist die nach der Rechtmäßigkeit der erlassenen Regeln. Aufgrund des föderalistischen Systems der Vereinigten Staaten sowie der in der Verfassung verankerten Schutzmaßnahmen kann die Bundesregierung bestimmte Grenzen nicht überschreiten. Dies ist eine Herausforderung für ein Gesetz, dass so tief greifend ist wie der Dodd-Frank Act. Betroffene Branchen können und haben die Gerichte genutzt, um das Inkrafttreten bestimmter Regeln zu blockieren. Ein Beispiel ist ein Rechtsstreit zwischen der CFTC und zwei Unternehmen der Finanzindustrie, bezüglich einer Regel des CFTCs zur Begrenzung von Derivatekontrakten. Als vor Gericht die Regel wegen „grundlegender Missverständnisse und der Nichtanerkennung der Unklarheiten in Dodd-Frank" aufgehoben wurde, hoben auf die Regulierungsbehörden die Regel auf (McCoy, 2013). Die Verzögerung bei einigen anderen Regeln war absichtlich; die Autoren wollten, dass sie einer gerichtlichen Anfechtung standhalten können, falls eine solche auftreten sollte (Fahey & Wells, 2017). Darüber hinaus hat Dodd-Frank Probleme aufgrund von Änderungen erfahren, die Monate oder Jahre später verabschiedet wurden und die Gesetzgebung betreffen. Da einige der Regeln so hoch komplex sind und, mit vielen juristischen Anfechtungen zu kämpfen hatten, sowie wegen des Widerstands im Kongress und der Koordination zwischen den Behörden ins Stocken gerieten, waren bis Februar 2017 nur 72% der erforderlichen Regeln fertig gestellt (Fahey & Wells, 2017). Hinzu kommt, dass Agenturen wie die SEC und die CFTC nicht die Mittel erhalten haben, die sie benötigen, um die notwendigen Mitarbeiter für die Erstellung und Umsetzung der Regeln einzustellen und ihre Aufgaben zu erfüllen (Fahey & Wells, 2017).

Das andere Gesetz, bei dem ähnliche Probleme auftraten, war Basel II. Die erste Frage, die sich stellte, war, ob die europäischen Regulierungsbehörden den Geltungsbereich des Gesetzes so festlegen, dass alle Banken den Regeln von Basel II unterliegen. Als dieses Konzept in die Vereinigten Staaten gebracht wurde, setzten sich kleinere Banken bei den Bundesbehörden und dem Kongress dafür ein, dass sie von den Regeln ausgenommen werden, da die Vereinigten Staaten bereits strengere Eigenkapitalanforderungen im Vergleich zu dem, was Basel II vorschlug, eingeführt hatte (Verdier, 2011, S. 9). Sollten alle Banken in Amerika jeden Teil der Regel, nämlich die vorgeschlagenen Risikomanagement-Maßnahmen, befolgen müssen, würden die Vorteile durch die anfallenden Kosten aufgewogen. Als Kompromiss wurde der Geltungsbereich dahingehend geändert, dass nur die größten Banken in Amerika diese Anforderungen übernehmen müssen. Dies die europäischen Aufsichtsbehörden verärgerte, das Abkommen aber passiertet (Verdier, 2011, S. 10). Bei der Betrachtung der Tiefe von Basel II ergaben sich auch Fragen. Bei der Prüfung, wie sich das Abkommen auf die Kapitalbeteiligungen der Banken auswirken würde, war man der Ansicht, dass bei einer Umsetzung von Basel II wie vorgeschlagen schnell große Kapitalrückgänge eintreten würden. Dies zog den Zorn mehrerer Behörden und des Kongresses auf sich, die daraufhin Gesetze verabschiedeten, um sicherzustellen, dass dies nicht geschehen würde. Nach der Verabschiedung dieser Gesetze wurde festgelegt, wie stark das Kapital sinken könnte, bevor die Behörden das Abkommen und seine Umsetzung in den USA einseitig ändern konnten (Verdier, 2011, S. 13). Dies änderte sich erst nach den Wahlen. Senatoren und Vertreter, die die Umsetzung verzögerten, kandidierten nicht zur Wiederwahl, gewannen die Wiederwahl aber verloren aber ihre Ausschusssitze/Vorsitze, oder verloren ihre Wiederwahl. Als dies geschah, wurden zwei Berichte veröffentlicht, in denen es hieß, dass Basel II Probleme habe, aber trotzdem so umgesetzt werden sollte, wie ursprünglich angedacht, und nicht wie die USA es versuchten (Verdier, 2011, S. 15). Erst Ende 2007 bzw. Anfang 2008 wurde Basel II schließlich verabschiedet, und die Umsetzung begann in den USA. Dies steht im Vergleich zu den Europäern, die Basel II im Jahr 2004 umgesetzt hatten, als das Gesetz erstmals vereinbart wurde (Verdier, 2011, S. 15).

Basel III erhöht sowohl den Umfang als auch die Tiefe der Regulierung, hat aber in Bezug auf die Umsetzung noch immer ähnliche Probleme wie Basel II. Der Baseler Ausschuss hat nämlich keine tatsächliche Macht; alle wichtigen G20-Länder und ihre Aufsichtsbehörden für Banken und Finanzinstitute sind Unterzeichner der Vereinbarungen. Das bedeutet, dass jedes Land die Regeln so umsetzen muss, wie das Land es für richtig hält, aber es wird einen Mindeststandard, die allen haben müssen, geben (Jones, 2010). Aufgrund der neuen Anforderungen an die Unternehmen ist die Regulierungstiefe strenger als in Basel II, und der Anwendungsbereich hat sich erweitert, da es neue Regulierungsinitiativen im Bereich der Unternehmensführung gibt. Der Umfang und die Tiefe dieser Regulierungen sind potenziell problematisch wie diese Analyse zeigt. Der Einfluss von Lobbyismus ist ein weiteres Problem, dass im nächsten Abschnitt besprochen wird.

b. Die entstehende Probleme durch Lobbyismus und Bürokratie

Durch den Sarbanes-Oxley Act delegierte der Kongress bestimmte Befugnisse an die SEC. Die SEC ist für die Schaffung und Durchsetzung von Regeln zuständig, die auf den Grundsätzen basierten, die der Kongress in diesem Gesetz verabschiedet hatte. Dies ist eine wichtige Unterscheidung, denn nun sollte die Lobbyarbeit vom Kongress auf die SEC übergehen, da die SEC anstatt dem Kongress über die Regeln entscheidet, die die Unternehmen betreffen. Genau das ist auch beim Lobbying der Fall; der Großteil des Lobbyings fand auch nach der Verabschiedung des Gesetzes durch den Kongress statt, noch bevor die SEC die Regeln vollständig erstellt hatte (Hochberg, Sapienza & Vissing-Jørgensen, 2009, S. 532). Die SEC bat die Öffentlichkeit um Kommentare zu den vorgeschlagenen Regeln und durchlief dabei mehrere Entwurfsphasen, was sich verschiedene Lobbyisten zum Nutzen machten. In den öffentlichen Kommentaren plädierten die Unternehmen für mehr oder weniger strenge Regeln sowie für Schlupflöcher und Ausnahmen in bestimmten Fällen (Hochberg et al., 2009, S. 528).

Obwohl die SEC nicht gesetzlich verpflichtet ist, eine Regel zwischen der vorgeschlagenen und der endgültigen Fassung zu ändern aufgrund von öffentlichen Kommentaren, erwähnt die SEC trotzdem in den Zitaten den Kommentar oder die

Sitzung, die sich auf die vorgenommene Änderung bezieht, falls die SEC Änderungen am vorgeschlagenen Gesetzestext vornimmt (Ban & You, 2019, S. 272).

Bei der Überlegung, wer für oder gegen den Sarbanes-Oxley Act lobbyieren würde, waren die beiden von den Autoren Hochberg, Sapienza und Vissing-Jørgensen bestimmten Hauptgruppen Unternehmensinsider und Aktionäre (2009, S. 519). Interessant war, dass die Aktionäre mit fast überwältigender Mehrheit für den Sarbanes-Oxley und dessen möglichst strikte Formulierung und Umsetzung eintraten. Unternehmensinsider traten sowohl für als auch gegen den Sarbanes-Oxley Act ein, und die Autoren kamen zu dem Schluss, wie die Lobbyarbeit für das Gesetz zu interpretieren ist. Wenn die Unternehmensinsider nicht für die Interessen ihrer Aktionäre arbeiten, sollte die Lobbyarbeit für das Gesetz nicht berücksichtigt werden. Es gibt zwei Gründe aus welchen Unternehmensinsider Lobbyismus gegen den Gesetzesvorschlag betrieben. Diese Insider setzten sich gegen die potenziellen Compliance-Kosten, gegen die neuen Offenlegungsvorschriften und die Corporate-Governance-Regeln ein (Hochberg et al., 2009, S. 530). Bei der Prüfung der Ergebnisse der versandten Briefe, die auf der Website der SEC veröffentlicht wurden, machten die Autoren eine beeindruckende Entdeckung: 79% der Briefe von Einzelpersonen und 83% der Briefe von Investorengruppen sprachen sich *für* eine strikte Umsetzung des Sarbanes-Oxley-Gesetzes aus. Dagegen sprachen sich 81% der Briefe von Unternehmen und 73% der Briefe von Nicht-Investorengruppen *gegen* eine strikte Umsetzung der Regeln aus (Hochberg et al., 2009, S. 539-540). Darüber hinaus sprachen sich 288 der 328 Briefe von öffentlich gehandelten Unternehmen gegen eine strikte Umsetzung von Sarbanes-Oxley aus, das sind rund 88% der Unternehmen (Hochberg et al., 2009, S. 540). Interessanterweise wurde bei der Mehrheit dieser Unternehmen festgestellt, dass diejenigen, die sich gegen den Gesetzestext wandten, „eher durch Merkmale gekennzeichnet sind, die darauf hindeuten, dass sie eher unter Problemen mit den Behörden im Zusammenhang mit dem FCF leiden und weniger wahrscheinlich Firmen sind, die sich in erster Linie mit stark steigenden Kosten für die Einhaltung der Vorschriften befassen" (Hochberg et al., 2009, S. 574). Interessanterweise machte die SEC nach der Verabschiedung und strikten Umsetzung des Sarbanes-Oxley Act Zugeständnisse zugunsten kleinerer Unternehmen, die mit hohen Befolgungskosten zu kämpfen hatten.

Auch das Dodd-Frank-Gesetz war mit starkem Lobbyismus verbunden. Der Dodd-Frank-Act hatte ähnliche Bestimmungen wie Sarbanes-Oxley, bei dem die SEC die Aufgabe erhielt, auf den Prinzipien des Gesetzes basierende Regeln zu schaffen und umzusetzen (Ban & You, 2019, S. 269). Unternehmen, insbesondere Unternehmen die stark von diesem Gesetz betroffen sind, neigten stärker dazu den Gesetzesentwurf zu kommentieren. Diese Kommentare werden öffentlich einsehbar, sobald die Kommentarfrist vorüber ist Dieselben Unternehmen beeinflussen auch die Bundesbürokratie, indem sie bei mehreren Behörden innerhalb der Regierung sowie beim Kongress selbst Lobbyarbeit betreiben, was in der Regel den größten Einfluss auf die Gesetze hat (Ban & You, 2019, S. 272-273). Die Autoren ziehen drei Schlussfolgerungen: Organisationen, die sowohl in der Schreib- als auch in der Regelungsphase Lobbyarbeit betreiben, haben tendenziell den größten Erfolg, Kommentare aus dem Kongress werden in den endgültigen Regeln häufig zitiert, und schließlich erhöht die Einstellung ehemaliger SEC-Mitarbeiter die Chance, zitiert zu werden (Ban & You, 2019, S. 282). Diese SEC-Zitierungen bringen oft Vorteile für die Lobbyarbeit der Unternehmen, da die Regel dank ihres Inputs geändert wurde.

Die Basler Rahmenvereinbarung hatte die gleichen Auswirkungen wie der Dodd-Frank Act und der Sarbanes-Oxley Act. Aufgrund der oft sehr weit gefassten Vorschläge in Basel III waren die meisten Banken gezwungen, entweder beim Basler Ausschuss oder bei der Federal Reserve Bank der USA, die die Baseler Rahmenvereinbarung verabschieden würde, Lobbyarbeit zu betreiben, um die Vorschläge sowohl einzugrenzen als auch zu klären. Die Banken betreiben Lobbyismus in der Absicht, ihr Unternehmen zu beschützen. Um zu untersuchen, wie die Banken reagierten, wählten die Autoren Hendricks, Neilson, Shakespeare und Williams eine bestimmte Regel aus, von der sie feststellten, dass sie sich „wesentlich" auf die Regulierungskosten des Unternehmens auswirken würde (2016, S. 1-2). Diese Regel befasste sich mit dem Modell der Kreditvergabe vom Kreditantrag bis zu dessen Genehmigung, und sah eine Schwelle von 10% des Kernkapitals vor, dessen Überschreitung zu weiteren Kosten geführt hatte. Die Hypothese lautete, dass Banken die oberhalb dieser 10%-Schwelle liegen nicht wahrscheinlicher als Banken unterhalb der Schwelle zur Lobbyarbeit bereit waren. Diese Hypothese konnte bestätigt werden, Unternehmen die ein Lobbyschreiben einrichten, stellten sich eher Gegen die Gesetzgebung als Unternehmen die keine Schreiben einrichten (Hendricks, Neilson, Shakespeare & Williams, 2016, S. 16). Das zweite Beispiel für die Lobbyarbeit zu Basel III war die Lobbyarbeit durch Vertreter der Wirtschaft, die den deutschen Mittelstand im Bankensektor vertraten, in Bezug auf die Kapitalanforderungen, die umgesetzt werden sollten. Die KMU forderte entgegen den Vorgaben des Abkommens geringere Kapitalanforderungen, die sich allerdings als erfolglos herausstellten (Keller, 2018, S. 293). Die KMU versuchte dies zu erreichen, indem die Öffentlichkeit durch eine gezielte Kampagne hinter die Idee gebracht wurde. Die KMU-Vertreter haben die Situation von der Finanzreform auf eine wirtschaftliche Stagnation aufgrund einer schweren und unangemessenen Belastung der KMU zurückgeführt.

Diese Kampagne ermöglichte es der Öffentlichkeit, sich hinter diesen Kompromiss für die KMU zu stellen, was den Druck auf die Gesetzesgeber verstärkte. Die KMU gewannen diese geringere Kapitalanforderungen Zugeständnis, obwohl diese Forderung von allen nationalen und internationalen Bankbehörden faktisch diskreditiert wurde (Keller, 2018, S. 297). Zudem hatten sich Politiker aus Italien, Österreich und Deutschland sowohl im Inland als auch im Europäischen Parlament zusammengeschlossen, um gegen die geplanten Kapitalanforderungen zu werben (Keller, 2018, S. 299).

c. Reaktion der betroffenen regulierten Unternehmen

i. Die Veränderung der Business Models

Wenn eine Gesetzgebung vorgeschlagen wird, die die Art und Weise, wie ein Unternehmen oder ein Sektor Geschäfte macht, sicher verändern wird, haben die betroffenen Unternehmen mehrere Möglichkeiten auf diese Gesetzgebung Einfluss zu nehmen. Studien haben gezeigt, dass Unternehmen dazu neigen, Lobbyarbeit zu betreiben, um „negative wirtschaftliche Folgen zu minimieren, die sich auf das Unternehmen auswirken könnten, wenn die vorgeschlagene Regelung umgesetzt werden sollte" (Hendricks et al., 2016, S. 6). Es bestehen jedoch Unsicherheiten, mit der dieses Unternehmen umgehen müssen. Unternehmen können entweder frühzeitig annehmen oder abwarten, bis zusätzliche Informationen gegeben werden. Beide mögliche Vorgehensweise haben Vorteile und Nachteile haben (Hendricks et al., 2016, S. 6). Das größte Risiko besteht darin, dass dem Unternehmen bei einer frühzeitigen Umsetzung der Regel Kosten entstehen, die möglicherweise unnötig sind. Der Vorteil einer frühzeitigen Umsetzung besteht darin, dass das Unternehmen mehr Zeit für die Umsetzung hat, sowie einen längeren Zeitraum für die Verteilung der Kosten die im Rahmen der Umsetzung anfallen auf die verschiedenen Bereiche. Außerdem kann das Unternehmen gleichzeitig Signale an die Investoren aussenden, dass sie die Regel einhalten (Hendricks et al., 2016, S. 6). Diese frühe Implementierung kann jedoch zu Änderungen des Geschäftsmodells führen.

Bei der Untersuchung der Auswirkungen, die Dodd-Frank und Basel III auf den Finanzsektor hatten, ist es wichtig, die Konzepte hinter der Funktionsweise und Aufteilung des Sektors zu verstehen. Im Allgemeinen gibt es zwei Haupttypen von Banken: Investmentbanken und Geschäftsbanken. Obwohl es mehrere verschiedene Modelle von Investmentbanken und Geschäftsbanken gibt, wird diese Trennung von Investment- und Geschäftsbanken festgestellt, um festzustellen, ob die Kundeneinlagen durch den Staat versichert sind oder nicht (Martel,

Rixtel & Mota, 2018, S. 101). Nach Ansicht der Autoren lassen sich diese Modelle in vier Typen vereinfachen: spezialisierte Investmentbanken wie Goldman Sachs, diversifizierte Investmentbanken wie die Deutsche Bank, diversifizierte Geschäftsbanken wie Santander und spezialisierte Geschäftsbanken wie Mitsubishi UFJ (Martel et al., 2018, S. 102). Vor der Finanzkrise und der Verabschiedung von Dodd-Frank und Basel III hatten diese Banken sehr unterschiedliche Bilanzstrukturen. Diejenigen, die im Extremfall, d.h. als Investment- oder Geschäftsbanken, tätig waren, hatten mindestens 80% ihres Vermögens in ihren Spezialisierungen (Martel et al., 2018, S. 103). Die beiden anderen Sektoren, die Mischungsbanken, hatten zwischen 45 und 70% ihres Vermögens in ihrer vorherrschenden Spezialisierung gehalten (Martel et al., 2018, S. 103). Als die Krise zuschlug, tendierten Banken, die sich hauptsächlich auf kommerzielle Einlagen konzentrierten, dazu, bei den klassischen Messgrößen, wie etwa der Eigenkapitalrendite, am besten abzuschneiden. Banken, die sich fast ausschließlich auf die Investitionstätigkeit konzentrierten, hatten in den am stärksten betroffenen Jahren der Finanzkrise, nämlich 2008-2011, eine sehr volatile Eigenkapitalrendite, erreichten in den Jahren nach den Krisen aber auch schnell wieder das Vorkrisenniveau. Banken, die sich hauptsächlich auf die Investitionstätigkeit konzentrierten, aber nicht vollständig, waren am stärksten betroffen (Martel et al., 2018, S. 107-108).

Was die tatsächliche Änderung des Geschäftsmodells von Banken betrifft, so konnten Untersuchungen belegen, dass die Banken nach der Ankündigung von Basel III ihr Verhalten änderten und mit der frühzeitigen Übernahme der Regeln begannen, allerdings geschah dies nur teilweise (Hendricks et al., 2016, S. 18). Die Änderungen, die Basel III und damit auch Dodd-Frank erforderten, betrafen in erster Linie die Bilanz. Es wurden höhere Eigenkapital- und Vermögensquote gefordert, um jeder Art von Verlust, entgegenzuwirken. Darüber hinaus hatte die Änderung der Definition von Kapital die Folge, dass mehr Eigenkapital erforderlich war. Neue Modelle mussten umgesetzt werden, um das Risiko, das Banken eingehen, sowie die Kosten, die sich durch die Zunahme der Regelungen bezüglich Compliance und Risikokontrolle in den Banken vervielfachten, besser zu verstehen (Blundell-Wingall, Atkinson & Roulet, 2014, S. 50). Banken werden unter dem Dodd-Frank-Act periodischen Stresstests unterzogen, um sicherzustellen, dass die Banken erstens die festgelegten Regeln und Richtlinien befolgen und zweitens; dass sich das systematische Risiko am Markt im Laufe der Zeit nicht verändert hat, was sich auf die Fähigkeit der Unternehmen auswirken könnte, Verluste wie etwa Kreditausfälle tragen (Acharya, 2012, S. 18).

Obwohl die Banken und Finanzinstitutionen immer besser wissen, wohin ihr Geld fließt, haben diese Regeln allein noch keine vollständige Änderung des Geschäftsmodells erzwungen. Durch den Einsatz von Buchhaltungstechniken wie SPE konnten diese Unternehmen mit Hilfe anderer Finanzinstitutionen Portfolios finanzieren, ohne das Risiko zu übernehmen. Banken kauften dann einen „unterbewerteten" Schutz für Wertpapiere und konnten durch die Basel-II-Regeln entlastet werden, so dass Banken ihre Bilanzen verdoppeln konnten, ohne ihr Baseler Risiko wesentlich zu erhöhen (Acharya, 2012, S. 14). Auf diese Weise konnten die Unternehmen die Baseler Regeln und Vorschriften umgehen, und es gibt Anzeichen dafür, dass dies in Basel III aufgrund einer ähnlichen Struktur in den Abkommen wieder geschieht (Acharya, 2012, S. 14).

ii. Die Kosten der Implementierung für die Gesellschaft

Wenn Geschäftsmodelle geändert werden, entstehen Kosten. Darüber werden aufgrund von Gesetzgebung wie Sarbanes-Oxley zusätzliche Investitionen in Unternehmen notwendig. Dies ist ein Rätsel für mehrere Unternehmen, da diese Kosten unerschwinglich erscheinen können und die Vorteile für sie nicht so offensichtlich sind wie für andere.

Im Fall von Sarbanes-Oxley führten vor allem verstärkten internen Kontrollen zu zusätzlichen Kosten. Ein weit verbreiteter Irrglaube ist, dass interne Kontrollen durch Sarbanes-Oxley erforderlich wurden. Dies ist nicht wahr, „da Abschnitt 404b vom Sarbanes-Oxley-Act dies verlangt: 1) die Führungskräfte des Unternehmens ‚wesentliche Schwächen' des internen Kontrollsystems bewerten und offenlegen müssen; und 2) externe Prüfer die Offenlegung schließlich bestätigen" (Coates, 2007, S. 102). Schon vor der Umsetzung von Sarbanes-Oxley mussten Unternehmen interne Kontrollen durchführen; Sarbanes-Oxley bot Anreize, diese genauer und ausführlicher offenzulegen. Die Bescheinigung ermöglichte es den Prüfern, die „besten Praktiken" weitgehend umzusetzen, was wiederum das Niveau der internen Kontrollen und das Niveau der Offenlegung erhöhte (Coates, 2007, S. 103). Da mehr Offenlegungen vorgenommen wurden, konnten Schwächen eher behoben werden, was auf eine Kompromisssituation zurückzuführen ist, mit der sich Unternehmen konfrontiert sahen: Unternehmen können entweder mehr für interne Kontrollen ausgeben, um das Vertrauen der Investoren zu erhalten oder mehr für Kapitalbeschaffung ausgeben aufgrund des mangelnden Vertrauens der Investoren (Coates, 2007, S. 103). Da die Führungskräfte des Unternehmens durch ihre Zustimmung zu den Erklärungen ein persönliches Risiko tragen, könnte jede Art von schwachen internen Kontrollen, die zu falschen Erklärungen führen, eine persönliche Haftung der Führungskräfte zur Folge haben, falls es zu Klagen kommt. Außerdem stiegen aufgrund der

Zusatzaufgaben der Wirtschaftsprüfer die Kosten für interne Kontrollen. Sollten sowohl Manager als auch Prüfer eine wesentliche Schwachstelle feststellen, muss diese dokumentiert und behoben werden. Sollte nur ein Wirtschaftsprüfer eine wesentliche Schwachstelle feststellen und der Manager nicht einverstanden sein, wird der Wirtschaftsprüfer diese Schwachstelle trotzdem im Bericht zusammen mit der Meinungsverschiedenheit erwähnen (Coates, 2007, S. 103). Insgesamt hat dies jedoch die Kosten für die Firmen erhöht, insbesondere für kleinere Firmen, die ihre internen Kontrollen radikal umstellen mussten. Es gab zwei Arten von Kosten, die von den Unternehmen aufgrund des Sarbanes-Oxley-Gesetzes getragen werden müssen: direkte und indirekte Kosten. Direkte Kosten fallen für die Gestaltung und Implementierung neuer interner Kontrollen an, sowie der Schaffung der geforderten neuer Positionen auf der Führungsebene. Zu den indirekten Kosten gehören der Verlust von institutionellem Wissen, der mit der Rotation der Prüfungspartner einhergeht, die Verringerung der Risikobereitschaft der Führungskräfte aufgrund der höheren Haftung, einschließlich der Reduzierung der Ausgaben für Forschung und Entwicklung sowie der Kapitalausgaben (Ahmed, Mcanally, Rasumssen, & Weaver, 2010, S. 354). Die SEC schätzte diese Kosten auf durchschnittlich 91.000 Dollar, aber nach Umfragen aus dem Jahr 2004 lagen sie im Durchschnitt näher bei 4,4 Millionen Dollar pro Unternehmen (Ahmed et al., 2010, S. 354). Die Autoren führten Untersuchungen durch, um die Nettokosten für die Unternehmen nach der Einführung von Sarbanes-Oxley und deren Auswirkungen auf die finanzielle Leistungsfähigkeit zu ermitteln. Allerdings konzentrieren sich die Autoren nur auf die Unternehmensebene, da sie die volle Kosten-Nutzen-Analyse nicht vollständig erfassen konnten (Ahmed et al., 2010, S. 367). Sie stellten fest, dass die Umsetzung von Sarbanes-Oxley für ihre Stichprobe größerer Unternehmen zu einem Rückgang des OCF um 2,4% führte, was für große Unternehmen jährliche Kosten von etwa 39 Millionen Dollar bedeutet (Ahmed et al., 2010, S. 362). Bei kleinen Firmen ging der OCF um 3% zurück, was geschätzte 6 Millionen Dollar pro Kleinunternehmen bedeutet (Ahmed et al., 2010, S. 354). Die Autoren untersuchten außerdem Unternehmen von 2004 bis 2007 und stellten fest, dass die meisten Unternehmen für mindestens vier Jahre nach der Verabschiedung und Umsetzung von Sarbanes-Oxley signifikante Kostenanstiege zu verzeichnen hatten, die jedoch nicht so hoch waren wie in den ersten beiden Jahren (Ahmed et al., 2010, S. 354). Die Prüfungshonorare stiegen bereits vor Sarbanes-Oxley aufgrund eines zunehmend risikoreichen Umfelds und wegen des geringeren Wettbewerbs seit der Auflösung von Arthur Andersen (Coates, 2007, S. 107). Die direkten und indirekten Kosten sind aus mehreren Gründen gesunken: aufgeschobene Vorteile aus der Erstinvestition, besseres Verständnis des Rechts sowie der eingegangenen Risiken bzw.

Haftung und eine allmähliche Lockerung der Vorsicht, da der Einfluss von Skandalen wie Enron über Zeit abnimmt (Coates, 2007, S. 107-108).

Bei der Erläuterung der Änderung des Geschäftsmodells aufgrund von Dodd-Frank und Basel III wurde immer wieder auf die Erhöhung des erforderlichen Kapitals sowie auf die neuen Leverage- und Liquiditätsquoten hingewiesen. Die Bewertung der Auswirkungen von Dodd-Frank kommentierten die Autoren Baily, Klein und Schardin lapidar: „Die Erhöhung der Kapitalquoten ist nicht kostenlos, aber sie ist es wert, da sie zur Verbesserung der Stabilität einzelner Institutionen und des Finanzsystems insgesamt beiträgt" (2017, S. 41). Zwischen Basel III und Dodd-Frank fielen in der Bilanz vermehrt Kosten an und nicht wie bei Sarbanes-Oxley mehr Kosten für die Gewinn- und Verlustrechnung. Diese Bilanzkostentreiber lassen sich wie folgt zusammenfassen: Erhöhung des Eigenkapitals, Verbesserung des Verschuldungsgrades, Einführung von Kapitalpuffern und Erhöhung der Liquidität. Die wichtigsten Kosten für die Gewinn- und Verlustrechnung sind Stresstests und Compliance-Kosten, ähnlich wie bei Sarbanes-Oxley (Baily, Klein & Schardin, 2017, S. 41). Basel III schreibt eine Leverage-Ratio von mindestens 3% für das Tier-1-Kapital geteilt durch die gesamten konsolidierten Aktiva vor. Um dies zu erreichen, müssten die Unternehmen entweder ihr Eigenkapital oder ihre Vermögenswerte erhöhen. Dies erfordert oft, dass das Unternehmen einen Teil seines Eigentums aufgibt, was ein Kostenfaktor ist, der nicht so leicht messbar ist wie etwa Ausgaben die für für die Einhaltung von Vorschriften anfallen. Um Vermögenswerte zu gewinnen, müssen Vermögen gekauft werden oder es müssen höhere Einnahmen erzielt und verstärkt gespart werden. Dodd-Frank geht noch etwas weiter und verlangt eine Leverage-Ratio von mindestens 5% für Banken mit einem Vermögen von über 700 Milliarden Dollar und 6% für die Banken, die die 5% Banken versichern (Baily et al., 2017, S. 41). Was die Kapitalpuffer betrifft, so ist ein „Kapitalerhaltungspuffer" von 2,5% der risikogewichteten Aktiva erforderlich. Dies erhöht den Kapitalbedarf der Unternehmen weiter (Baily et al., 2017, S. 41). Was die Liquiditätsanforderungen betrifft, so verlangt Basel III, dass die Banken „genügend Bargeld, überschüssige Reserven bei der Federal Reserve und den US-Bundesanleihen halten, um ihren Liquiditätsbedarf für ein Szenario zu decken, in dem sie für einen Zeitraum von dreißig Tagen keinen Zugang zu den Kapitalmärkten haben" (Baily et al., 2017, S. 41). Um diese Vorschrift einzuhalten und genügend Reserven zu halten, müssten Schatzbriefe gekauft werden, wodurch sich die Barbestände verringern. Für größere Banken und Finanzinstitutionen sind diese bilanzielle Umstrukturierungen sehr teuer. Schließlich gibt es zwei Arten von Kosten für die Gewinn- und Verlustrechnung, die aufgrund von Dodd-Frank und Basel III für Unternehmen anfallen. Die erste Kostenart sind die Kosten für Stresstests. Dodd-Frank verlangt von allen SIFI, jährliche Stresstests durchzuführen. Diese sind kostspielig und können unter Fehlern in der Modellierung leiden. Sollte eine Annahme fehlerhaft sein, können Stresstests potenzielle Schwächen oder Lücken in einem Unternehmen nicht aufzeigen, was bedeutet, dass der Stresstest nutzlos zu unnötigen Kosten führt (Baily et al., 2017, S. 41). Schließlich kommen noch die Kosten für die Einhaltung der Vorschriften sowohl für Dodd-Frank als auch für Basel III hinzu. Diese sind ähnlich wie die Kosten, die unter Sarbanes-Oxley entstanden sind. Ein Teil dieser Erfüllungskosten beinhaltet die Erstellung und Vorlage einer „Patientenverfügung", die erklärt, wie die Liquidation des Finanzinstituts im Falle eines Scheiterns erfolgen würde (Lopez & Saeidinezhad, 2016, S. 2).

In Summe summieren sich die Umsetzungskosten für Unternehmen unter diesen Gesetzen auf Millionen, wenn nicht gar Milliarden von Dollar. Die Gesetze haben die Art und Weise verändert, wie mit Risiken umgehen und mit anderen Wirtschaftsakteuren agieren, zum Guten wie zum Schlechten. Grundsätzlich profitieren Unternehmen aber von den verstärkten Kontrollen und Stresstests.

d. Herausforderungen der Aufsichtsbehörden

i. Verständnis der Gesetze

Genau wie Unternehmen haben auch die Regulierungsbehörden Schwierigkeiten, wenn neue Gesetze vorgeschlagen, verabschiedet und dann umgesetzt werden. Einige Regulierungsbehörden wurden mit der Verabschiedung der Gesetze geschaffen. Ein Beispiel ist das PCAOB im Rahmen von Sarbanes-Oxley oder das CFPB durch den Dodd-Frank Act. Im Folgenden soll erläutert werden wie die neu geschaffenen Regulierungsbehörden in das gegenwärtige Regulierungssystem passen und welche Befugnisse sie im Vergleich zu den bestehenden Regulierungsbehörden haben.

Basel III ist zwar langwierig und komplex, basiert aber auf der Festlegung von Grenzwerten, Untergrenzen und Formeln. Darüber hinaus überlässt der Baseler Ausschuss die Umsetzung der Vereinbarungen den jeweiligen Regulierungsbehörden, die die Vereinbarung unterzeichnet haben. Das einzige Problem, das mit Basel III geschaffen wurde, war die Einrichtung des Europäischen Ausschusses für Systemrisiken (ESRB), der keine Befugnis hat, die Unterzeichner tatsächlich zur Einhaltung der Regeln und Vorschläge des Ausschusses zu zwingen. ESRB verfügt lediglich über, die Möglichkeit die nationalen Aufsichtsbehörden um finanzielle Informationen zu bitten, wenn keine gegeben sind (Ojo, 2012, S. 6). Das Problem ist, dass, obwohl der ESRB eigentlich keine Befugnisse hat, die nationalen Aufsichtsbehörden trotzdem den Rat des ESRBs folgen müssen, was eine seltsame Dynamik erzeugt.

Sarbanes-Oxley war ein weiteres Gesetz, das in seinen Anforderungen an Unternehmen und Aufsichtsbehörden relativ unkompliziert war. Die Schwierigkeiten, auf die die Regulierungsbehörden stießen, waren die Einrichtung des PCAOB und ihre Zuständigkeit im Vergleich zur SEC. Eine weitere Frage war, welche Art von Einfluss das PCAOB auf Gruppen wie das FASB oder das IASB erhalten sollte. Aufgrund der Art und Weise, wie das Gesetz geschrieben wurde, wird das PCAOB als „oberster Schiedsrichter für Rechnungslegungsstandards" angesehen (Aronson, 2002, S. 134). Das PCAOB war eine Idee des Kongresses, die beides öffentlich und privat wegen seiner Struktur ist (Coates, 2007, S. 98-99). Es handelt sich um eine gemeinnützige Organisation, der ein gesetzliches und öffentliches Aufsichtsmandat erteilt wurde. Sie ist durch die Erklärung ihrer Satzung privat; sie ist öffentlich, da die SEC ihren Haushalt, ihre Rechtsstreitigkeiten und Regeln festlegt und gleichzeitig ihren Vorstand ernennt (Coates, 2007, S. 99). Was die Finanzierung anbelangt, so wird sie nicht von der Regierung finanziert, sondern das PCAOB erhebt von den von ihm regulierten Unternehmen Gebühren. Da hat die Folge, dass das Budget vom PCAOB nicht zu Gunsten anderer Regierungsbehörden gekürzt werden kann (Coates, 2007, S. 99).

Dodd-Frank hingegen hatte das gleiche Problem, was die Einordnung der Regulierungsbehörden betrifft, aber auch Schwierigkeiten mit dem Verständnis des Gesetzes selbst. Die erste Regulierungsbehörde ist der FSOC, eine Gruppe, die ursprünglich durch eine Exekutivverordnung von 1987 geschaffen wurde und vom Finanzminister geleitet wird (Ludwig, 2012, S. 195). Der FSOC hatte seit seiner Zeit als Arbeitsgruppe des Präsidenten für Finanzmärkte mehrere Aufgaben. Durch die, die Dodd-Frank Regulierungen kamen neue weitere hinzu, darunter eine der wichtigsten, die Entscheidungsbefugnis darüber, welche Nicht-Finanzunternehmen als systemisch angesehen werden können (Ludwig, 2012, S. 195). Doch trotz des Namens deckt das FSOC nicht alle Regierungsbehörden, wie das Arbeitsministerium, ab, die in der Finanzbranche tätig sind. Dies könnte zu Zögern führen, in Bezug auf relevante Streitigkeiten für das FSOC einzutreten; es könnte auch zu Verwirrung bei den zu regulierenden Unternehmen führen, da Unklarheit herrscht, an welche Behörde sich Unternehmen wenden sollen (Ludwig, 2012, S. 195). Auch wenn es die Unternehmen durch die Benennung von systematisch wichtigen Unternehmen unter die Aufsicht der Federal Reserve stellen kann, so ist dies möglicherweise nicht nur aus rechtlichen, sondern auch aus politischen Erwägungen heraus möglich. Sollte ein Unternehmen unter die Aufsicht der Federal Reserve gestellt werden, würden die staatlichen und lokalen Regulierungsbehörden dieses Unternehmen verlieren und versuchen, rechtliche Schritte einzuleiten (Ludwig, 2012, S. 195). Dodd-Frank eliminiert auch das OTS und reduziert die Anzahl der Bankenaufsichtsbehörden auf drei; dennoch gibt es immer noch Möglichkeiten für kleinere Finanzinstitute, eine Regulierung zu vermeiden. Die letzte große Regulierungsbehörde, die geschaffen wurde, ist die CFPB, die der Federal Reserve untersteht. Das Problem mit all diesen neuen Regulierungsagenturen sowie den neuen Zuständigkeiten, die anderen Regulierungsagenturen wie der SEC und der CFTC übertragen wurden, ist, dass „sehr wenig getan wurde, um die Regulierungsstruktur zu vereinfachen, die nach wie vor eine Mischung aus Bundesbehörden mit sich überschneidenden Befugnissen und Mandaten ist, die nicht automatisch konvergieren" (Lopez & Saeidinezhad, 2016, S. 5). Dieses Konglomerat von Regulierungsbehörden führt zu Überschneidungen und Verwirrung unter den regulierten Unternehmen bezüglich der Frage, wer das Sagen hat. Eine Sache, die die Schaffung neuer Agenturen nicht löst, ist die Tatsache, dass die Aufsichtsbehörden in den Jahren vor der Finanzkrise die Risiken verbunden mit den Finanzprodukten, die Teil der Hypothekenvergabe und Verbriefungen waren nicht völlig verstanden (Baily et al., 2017, S. 37). Dies ging bei der Erstellung der Regeln, die dem Dodd-Frank Gesetz zu Folge von verschiedenen Aufsichtsbehörden gemeinsam verfasst werden musste, noch weiter, da es unterschiedliche Vorstellungen darüber gibt, wie diese Regeln geschrieben werden müssen, und so kam es zu Reibungen, die dazu führten, dass Fristen versäumt und Regeln nicht geschrieben wurden (Baily et al., 2017, S. 38). Darüber hinaus mussten die Regulierungen sowohl das, was das Gesetz vorsieht, verkörpern als auch sicherstellen, dass die Regel einer rechtlichen Überprüfung standhalten kann. Es gab mehrere Fälle, in denen Regeln von Richtern nach Klagen externer Gruppen verworfen wurden, darunter ein denkwürdiger Satz eines Richters, der sagte: „Die Regulierungsbehörden haben die Unklarheiten (in Dodd-Frank) grundlegend missverstanden und nicht erkannt" (McCoy, 2013). Diese Unklarheiten waren in der Gestaltung zielführend, da der Gesetzgeber Richtlinien für die eventuellen Regeln schaffen wollte, aber die Gestaltung der Regeln den Regulierungsbehörden überließ, die dann die Regeln umsetzen und durchsetzen mussten.

ii. Ermessensspielraumprobleme

Die erste Herausforderung für die Regulierungsbehörden bestand darin, zu verstehen, was das Gesetz verlangt und wo sich die Behörden in das Gesamtbild einfügen. Die zweite große Herausforderung war die Gestaltung und Durchsetzung der erforderlichen Regeln. In jedem der verabschiedeten Gesetze hinterließ die Gruppe, die das Gesetz verabschiedete, den Regulierungsbehörden Urteilsaufrufe.

Eine der größten Urteilsforderungen, mit denen sich die Regulierungsbehörden auseinandersetzen mussten, war die Frage, wie streng die Regeln gestaltet werden sollten. Die Gefahr lag darin, dass die strikte Gestaltung der Gesetze dazu beitragen könnte, dass Unternehmen zusätzlichen Kosten tragen müssen und Wirtschaftswachstum und Innovation erstickt wird. Wie bereits in Abschnitt 4.c.ii. erwähnt, entstanden durch die Umsetzung des Sarbanes-Oxley-Gesetzes neue Kosten, die von den Unternehmen getragen wurden. Als die Regulierungsbehörden Regeln entwarfen, versuchten sie, dies zu berücksichtigen, um Unternehmen nicht finanziell zu ruinieren. Die Behörden befreiten Unternehmen auf der Grundlage der Marktkapitalisierung von diesen Regeln sowie später in Dodd-Frank, wodurch mehr Unternehmen von den Regelungen ausgenommen wurden (Kim & Muldoon, 2015, 103). Das PCAOB gab über die SEC schnell aktualisierte Richtlinien für Wirtschaftsprüfer heraus, um sicherzustellen, dass sie ihre Kunden nicht zu unnötig hohen Ausgaben für interne Kontrollen zwingen (Coates, 2007, S. 104-105). Dadurch wurde Wirtschaftsprüfer, Aufsichtsbehörden und Unternehmen ein Spielraum eingeräumt für die notwendigen Ausgaben. Im Dodd-Frank stellten die Regulierungsbehörden unter anderem durch die kleinen Änderungen der Volcker-Regel sicher, dass Unternehmen keine Einkommenseinbußen verzeichnen müssen als Folge der Regulierung. Da sich die Finanzinstitute innerhalb eines bestimmten Zeitraums von ihren CDOs trennen mussten, haben die Regulierungsbehörden wiederholt Verlängerungen gewährt, wann Unternehmen diese Vermögenswerte verkaufen müssen. Hätten alle Institutionen innerhalb der ursprünglich festgelegten Frist verkaufen müssen, so hätte dies massive Verluste zur Folge haben können, da es einem „Fire-sale" gleichgekommen wäre (Baily et al., 2017, S. 36). Ein weiterer Ort, an dem es unter Dodd-Frank einen Ermessensspielraum gibt, ist die Erhebung von Geldstrafen durch das CFPB. Das CFPB unterliegt Grenzen, bezüglich der Geldstrafe für das Vergehen, wie z.B. nicht mehr als 5.000 Dollar pro Tag des Verstoßes. Darüber hinaus hat das CFBP eine „allgemeine mildernde Wirkung, wenn es darum geht, die finanziellen Ressourcen der Institution und den guten Glauben des Akteurs sowie die Schwere des Verstoßes zu berücksichtigen" (Smith & Muñiz-

Fraticelli, 2013, S. 627). Die zweite Form des Ermessensspielraums im Rahmen von Dodd-Frank ist die der Federal Reserve und dem FSOC eingeräumte Befugnis, Nicht-Finanzunternehmen als systematisch wichtig einzustufen. Die Regierungsbehörden könnte etwa eine stärkere Aufsicht einiger Institutionen für nötig bzw. unnötig halten. Die Entscheidung welche Nicht-Finanzinstitutionen die Bezeichnung erhalten, liegt ganz bei der Regulierungsbehörde (Kim & Muldoon, 2015, S. 97).

Die nächste Frage bezüglich des Ermessensspielraums war die Festlegung von Mindestniveaus für Unternehmen. Basel III wird weltweit einen unterschiedlichen Umsetzungsstatus haben. Westeuropa wird nach der Übernahme von Basel II einfach zu Basel III aufsteigen, wobei einige Länder, wie Großbritannien und die Schweiz, strengere Vorschriften haben als andere (Walker, 2011, S. 98). Die Vereinigten Staaten werden Basel III zusammen mit Dodd-Frank umsetzen, wobei Dodd-Frank in einigen sich überschneidenden Bereichen, wie etwa den erforderlichen Leverage-Ratios, strengere Anforderungen hat (Paskelian & Bell, 2012, S. 13). Und schließlich haben Osteuropa, Afrika und der Nahe Osten die Option Basel III vollständig umsetzen oder so gut wie möglich befolgen, wenn sie dazu in der Lage sind. Dies wird zu Problemen mit multinationalen Unternehmen führen, die sich weltweit mit unterschiedlichen Regelwerken auseinandersetzen müssen, und die Regulierungsbehörden werden miteinander und mit lokalen Institutionen zusammenarbeiten müssen, um sicherzustellen, dass die lokalen Vorschriften eingehalten werden (Paskelian & Bell, 2012, S. 13).

5 Analyse der veränderten Regeln und Ausblick auf mögliche zukünftige Entwicklungen

a. Analyse der Auswirkung in der USA und Abschwächung von Dodd-Frank

Innerhalb der Vereinigten Staaten waren die beiden prominentesten Gesetze Sarbanes-Oxley und Dodd-Frank, wobei Basel III in vielerlei Hinsicht mit Dodd-Frank vergleichbar ist. Aus diesem Grund gab es relativ wenige Bestimmungen in Basel III, die nicht auch von Dodd-Frank abgedeckt wurden, so dass die Auswirkungen vernachlässigbar gering waren.

Sarbanes-Oxley war das erste der drei verabschiedeten Gesetze. Seine Auswirkungen sind auch heute noch schwer messbar, da das Gesetz immaterielle Vorteile bietet, wie z.B. ein höheres Vertrauen der Investoren in die Offenlegung, eine stärkere Einhaltung und Standardisierung sowie bessere Corporate Governance Standards (Wagner & Ditmar, 2006). Seit der Verabschiedung des Sarbanes-Oxley-Gesetzes haben die Investoren die internen Kontrollen und das Kontrollumfeld höher bewertet als zuvor, beachten diese Kriterien bei mögliche Investitionen. Sollte es eine unbefriedigende Antwort geben, der Investor aber trotzdem investieren will, so ist dies tendenziell mit einer höheren Kapitalquote verbunden (Wagner & Ditmar, 2006). Sogar Finanzvorstände sind sich in Umfragen darüber einig, dass das Vertrauen der Investoren gestiegen ist. Ein Drittel der Finanzvorstände berichtete, dass Sarbanes-Oxley dazu beigetragen hat, Betrug in ihren Unternehmen zu vermeiden oder zu verhindern (Coates, 2007, S. 107). Hervorzuheben ist die Zahl der Bilanzanpassungen, die vorgenommen wurden. Im Jahr 2016 erreichte die Zahl der Neuformulierungen mit 671 einen Tiefststand im Vergleich mit den letzten zehn Jahren (Clay & Kim, 2017). Nach der Verabschiedung und Umsetzung sahen einige Führungskräfte die Vorteile, die sich daraus ergeben könnten, und begannen, Unternehmen zum Besseren zu verändern. So aktualisierte BlackRock zum Beispiel die Dokumentation ihrer Stellenbeschreibungen, wodurch das Verständnis der Mitarbeiter für die Abläufe verbessert und Geld und Zeit gespart wurde. Yankee Candle hatte ein höheres Engagement ihres Prüfungsausschusses, der unter Sarbanes-Oxley mehr Macht, Verantwortung und Haftung erhalten hatte (Wagner & Ditmar, 2006). Schließlich hat die Standardisierung zugenommen, was dazu beigetragen hat, ehemals komplexe Systeme zu vereinfachen und Fehler zu reduzieren. Schließlich wurde die Stärkung des Whistleblower-Gesetzes gut aufgenommen und als netto positiv bewertet (Clay & Kim, 2017).

Auf der anderen Seite gab es bei diesem Gesetz mehrere Nachteile, wie etwa die Kosten der Umsetzung. Die Messung der gesamten Nutzen im Vergleich auf die Kosten der Gesetzsprechung ist schwierig, da Vorteile eher immaterieller Natur sind (Coates, 2007, S.

107). Was die Kosten betrifft, so führte die Umsetzung des Sarbanes-Oxley-Gesetzes für interne Kontrollen sowie die Erhöhung der Prüfungsgebühren dazu, dass diese beiden Kategorien bis auf 1 Million Dollar pro 1 Milliarde Dollar Umsatz anstiegen (Coates, 2007, S. 107). Eine Sache, die zunächst zur Sprache kam, sich später aber als unwahr erwies, war die „Privatisierung" von Unternehmen aufgrund von Sarbanes-Oxley, da sie nur für öffentliche Unternehmen gilt. Innerhalb des ersten Jahres nach der Verabschiedung des Sarbanes-Oxley-Gesetzes war die Wahrscheinlichkeit, dass US-Firmen an private Käufer verkauft werden, um 66% höher als für europäische Firmen, jedoch beschränkt auf Firmen mit einer Marktkapitalisierung von weniger als 30 Millionen Dollar. Darüber hinaus waren die Firmen, die nicht mehr an der Börse notiert sind, vor allem solche mit schlechter finanzieller Leistung und geringem Wachstum, ein Kennzeichen von Firmen die Betrug begehen (Coates, 2007, S. 108). Eine weitere Behauptung, die nicht ausreichend untersucht wurde, um als wahr zu gelten, ist die, dass durch die Verabschiedung von Sarbanes-Oxley die Zahl der Firmen, die an einer anderen Börse notiert sind, zurückgegangen ist. Es wird angenommen, dass dies weniger durch Sarbanes-Oxley als vielmehr durch andere Untersuchungen der SEC und des Justizministeriums sowie durch eine verbesserte Liquidität auf ausländischen Märkten verursacht wird (Coates, 2007, S. 109). Ahmed et al. stellten fest, dass bis zu vier Jahre nach der Verabschiedung des Sarbanes-Oxley-Programms die Cashflow-Rentabilität für ihre Stichprobe von Firmen geringer war, wobei kleinere Firmen höhere Kosten trugen (Ahmed et al., 2010, S. 366-367).

Auch das zweite verabschiedete Gesetz, Dodd-Frank, hatte für die Vereinigten Staaten weitgehende Auswirkungen. Eines der ersten Dinge, die Dodd-Frank tat, war, die Belastung zu korrigieren, die kleine Unternehmen unter Sarbanes-Oxley zu tragen hatten, indem es Unternehmen mit einer Marktkapitalisierung zwischen 75 und 250 Millionen Dollar freistellte (Kim & Muldoon, 2015, S. 103). Ein weiterer Vorteil des Gesetzes besteht darin, dass es versucht, einen Teil des so genannten „Schattenbankensystems" zu regulieren: Es zwingt Hedge-Fonds, sich bei der SEC zu registrieren, die Federal Reserve benennt systematisch wichtige Institutionen, und Privatkunden-Finanzkreditgeber werden durch die CFPB reguliert (Kim & Muldoon, 2015, S. 99). Diesem Schattenbankensektor, der aus Banken ohne Einlagengeschäft und anderen Finanzinstitutionen besteht, wurde zugeschrieben, dass er die Finanzkrise von 2008 mitverursacht hat, indem er die Finanzierung anderer Institutionen stoppte und sie damit in die Pleite trieb (Kim & Muldoon, 2015, S. 94). Ein weiterer Erfolg für Dodd-Frank sind die auferlegten Kapitalanforderungen, Liquiditätsquoten und Anforderungen für Stresstests. Mitschuld für das Scheitern der Banken und Finanzinstitutionen trug ein allgemeiner Mangel an Kapital. Dodd-Frank löste dieses Problem. Auch die Verbraucher sind jetzt durch die Schaffung der CFPB besser geschützt (Munson & Novak, 2017). Ein weiterer klarer Sieg war die Einführung eines Systems zur Lösung von Problemen bei einem Scheitern mit dem SPOE. Sollte ein SIFI scheitern, wird die Holdinggesellschaft von der FDIC übernommen und entfernt, wobei eine Brückenfirma an ihre Stelle gesetzt wird, um gut funktionierende Tochtergesellschaften nicht zusammenbrechen zu lassen. Das Eigenkapital und die Schulden dieser scheiternden Holdinggesellschaft werden dann mit Hilfe der OLA entfernt, und die neue Brückenfirma wird effektiv ohne Steuerzahlergelder rekapitalisiert (Baily et al., 2017, S. 25). Der größte Vorteil von Dodd-Frank ist das Konzept der „Skin in the Game", das allgemein definiert wird als „die Urheber von Darlehen behalten, einen Teil der von ihnen geschaffenen Darlehen/Wertpapiere behalten und tragen damit auch ein gewisses Risiko" (Thompson, 2012, S. 165). Diese Regelung ist jedoch ein zweischneidiges Schwert, da es die Anreize ausrichtet und risikoreicheres Verhalten eindämmt und es erhöht jedoch die Kosten für die Erschaffern, wodurch die Rentabilität verringert wird, und auch die Anzahl der gewährten Kredite verringert (Thompson, 2012, S. 165; 169). Dodd-Frank fordert einen 5%igen Kreditrisikorückbehalt bei verbrieften Krediten, was der „Skin in the Game" Regel entspricht (Thompson, 2012, S. 167). Eine weitere Hauptkritik an Dodd-Frank ist, dass er „nach der Form, nicht nach der Funktion regelt" (Acharya, 2012, S. 8). Dies läuft auf die Idee hinaus, dass ein Finanzinstitut, wenn es nicht als SIFI bezeichnet wird oder keine Bank ist, die einer Regulierung unterliegt, weniger Regulierung unterliegt, als es sollte. Dies ist problematisch, da diese Art von Schattenbankinstituten Wettbewerbsvorteile gegenüber regulären Banken haben und damit ihre Bedeutung und ihr Risiko für die Wirtschaft im Falle eines Zusammenbruchs erhöht wird (Lopez & Saeidinezhad, 2016, S. 6). Laut Smith und Muñiz-Fraticelli besteht ein großes Problem bei Dodd-Frank darin, dass es zwar vergangene Marktinnovationen wirksam reguliert, aber nicht in die Zukunft blickt, um potenzielle zukünftige Marktinnovationen zu regulieren. Märkte innovieren ständig, insbesondere angesichts der Regulierung (2013, S. 624). Ein weiterer Mangel des Gesetzes ist die Tatsache, dass es immer noch die Zusammenarbeit der Regierungen mit den SIFI erzwingt, d.h. SIFI wissen, dass sie im Falle eines Scheiterns unterstützt werden. Dies schafft ein moralisches Risiko und erlaubt es diesen SIFI, mehr Risiken einzugehen, als sie sollten, und das alles zu einem Preis, der unter dem des Markts liegt (Acharya, Cooley, Richardson, Sylla & Walter, 2011, S. 46). Darüber hinaus hält das Gesetz einzelne Firmen nicht davon ab, das System zu stark zu gefährdend. Wenn ein SIFI scheitert, zwingt es dem gesamten Markt Kosten auf. Das Gesetz weigert sich, diese potenziellen Kosten von den Unternehmen zu tragen, *bevor* es zu einer Insolvenz kommt. Unternehmen sind daher gezwungen diese Kosten zu tragen, *wenn* es zu einer Insolvenz kommt, was in einer Krisenzeit, in der die Liquidität bereits gering ist, der Fall wäre (Acharya et al., 2011, S. 47). Der letzte große Misserfolg des Gesetzes ist schließlich der Anstieg der Zahl von Regulierungsbehörden, was die Regulierungsarbitrage verstärkt (Ludwig, 2012, S. 189). Es gibt nun mehrere Regulierungsbehörden im selben Bereich, was zu Verwirrung in der Rechtsprechung und zu Verwirrung bei den regulierten Firmen führt. Oft ist unklar wer wem zu berichten hat und wer was kontrolliert.

Aufgrund der Entwicklungen der letzten Monate unter der Trump-Administration beschränkt sich diese Analyse im Rahmen dieser Arbeit auf den Zeitraum von der Verabschiedung von Dodd-Frank bis 2017. Im Mai 2018 wurde das Gesetz bezüglich des Wirtschaftswachstums, regulatorischen Erleichterungen und Verbraucherschutz verabschiedet. Dieser Gesetzesentwurf erhöhte die SIFI-Benennungsschwelle für Finanzinstitute auf 100 Milliarden Dollar und wird im November 2019 die Schwelle wieder auf 250 Millionen Dollar anheben. Damit würde die Zahl der benannten Finanzinstitute auf 12 statt der ursprünglichen 38 reduziert und die Zahl der Institute, die Stresstests durchführen müssen, verringert (Team, 2018). Außerdem wird die Zahl der Banken, die Einlagen bei der Zentralbanken melden müssen, reduziert, was den Verschuldungsgrad einiger Banken erhöhen könnte. Schließlich wird die Klassifizierung bestimmter Kommunalanleihen geändert, so dass sie zum Tier-2-Kapital gehören können (Team, 2018). Schließlich werden einige Kreditgeber von bestimmten Offenlegungsanforderungen ausgenommen (Rappeport & Flitter, 2018).

b. Analyse der Auswirkung in Europa

Die Anforderungen von Dodd-Frank und Sarbanes-Oxley galten nur für die Unternehmen, die in den Vereinigten Staaten tätig waren. Dies würde bedeuten, dass die Auswirkungen dieser Gesetze den oben erläuterten in den USA sehr ähnlich wären. Daher wird sich dieser Abschnitt in erster Linie auf die Verabschiedung von Basel III konzentrieren.

Basel III hat einige bedeutende Vorteile und Nachteile. Der erste ist, wie bei Dodd-Frank, die Erhöhung des Kapitals und der Liquidität der Banken. Dies stärkt das globale Banken- und Finanzsystem und hilft erhöht die Resistenz des Finanzsystems (Ingves, 2018). Der zweite große Vorteil von Basel III ist die Änderung der Art und Weise, wie risikogewichtete Aktiva (RWAs) berechnet und bewertet werden, was zu mehr Kontrolle, Vertrauen und Transparenz führt. Dies geschieht durch die Einschränkung der Verwendung interner Modelle von

Finanzinstituten sowie durch die Einführung neuer Leverage-Kennzahlen und einer neuen Output-Untergrenze (Ingves, 2018). Wichtig bei den neuen Leverage-Kennzahlen und Kapitalanforderungen ist, dass die Kreditvergabe durch die Konzentration auf weniger riskante Kredite sowie durch die Erhöhung der Liquidität verringert wird. Dies trägt dazu bei, das Finanzinstitute Krisenzeiten besser überstehen können (Mawutor, 2014, S. 170). Der endgültige Erfolg von Basel III ist die lange Umsetzungsfrist. Dies ermöglicht es den Unternehmen, die Kosten über einen längeren Zeitraum zu verteilen und die Regeln besser zu verstehen. Dies ist jedoch ein zweischneidiges Schwert, denn je länger die Umsetzung des Gesetzes dauert, desto wahrscheinlicher werden die Regeln durch Lobbying, mangelnde Dringlichkeit oder schlechte Umsetzung geschwächt (Paskelian & Bell, 2012, S. 15; 17). Ein weiterer Nachteil von Basel III ist die Tatsache, dass es als makroprudenzielles Instrument fehlerhaft ist. Dies liegt daran, dass es sich auf einzelne Institutionen innerhalb der Länder konzentriert und nicht auf das gesamte systemische Risiko (Acharya, 2012, S. 13). Darüber hinaus kann die Konzentration auf spezifische Risiken auf Unternehmensebene das systemische Risiko sogar verschärfen (Acharya, 2012, S.13). Das größte Problem von Basel III ist die Tatsache, dass es weltweit unterschiedlich umgesetzt wird. So hat die Eurozone beispielsweise 130 SIFIs identifiziert und sie 2014 der EZB Stresstests und Bewertungen unterzogen. Die EZB testete den Wert des Bankeigenkapitals per der EZB und per den verschiedenen nationalen Regulierungsbehörden, um die Unterschiede zu erkennen, die sich daraus ergaben (Fratianni & Pattison, 2015, S. 8-9). Es wurden dieselben Bankinformationen sowie die Anwendung des Kriteriums nach dem neu geschaffenen EU-Regelwerk verwendet. Im Durchschnitt bewerteten die nationalen Aufsichtsbehörden griechische Banken um 2,9% höher, italienische Banken um 1,1% und sowohl in Frankreich als auch in Deutschland den Wert des Eigenkapitals der Banken um 2 Prozentpunkte höher als die EZB (Fratianni & Pattison, 2015, S. 8-9). Dies macht deutlich, dass unterschiedliche Länder die Vorschriften unterschiedlich umsetzten. Unternehmen mit Tochtergesellschaften in mehreren Ländern können in jedem Land daher unterschiedliche Bewertungen erhalten. Darüber hinaus wird mit der Komplexität von Basel III zusätzlich zu den Gesetzen in jedem Land der Ermessensspielraum der Regulierungsbehörden zunehmen, was zu einer geringeren Einheitlichkeit in den einzelnen Ländern führt. Schließlich gibt es im Hinblick auf Basel III Unterschiede zwischen den Nationen bei der Behandlung von staatlichen Anleihen. In der EU werden Staatsanleihen im Allgemeinen als risikolos behandelt, aber nach der griechischen Schuldenkrise wird es schwieriger, Staatsanleihen als risikolos zu behandeln, da dies für viele Länder nicht zutrifft (Fratianni & Pattison, 2015, S. 11-12). Ein weiterer Mangel von Basel III besteht darin, dass sich die Regulierung trotz der Rolle, die die Rating-

Agenturen in der Finanzkrise gespielt haben, stark auf den Input derselben Agenturen stützt (Paskelian & Bell, 2012, S. 17-18). Der letzte Mangel von Basel III ist ähnlich wie bei Dodd-Frank: Da nur bestimmte Teile des gesamten Systems reguliert und beaufsichtigt werden, werden letztlich dieselben Dienstleistungen von nicht-regulierten Unternehmen angeboten werden, was zu denselben Risiken führt, die mit dem Abkommen behoben werden sollten. Dies wird noch verstärkt durch die Tatsache, dass der Basler Ausschuss nicht so schnell zur Behebung dieser Situationen beitragen kann, da die Verantwortung für die Umsetzung der Gesetze bei den nationalen Regulierungsbehörden liegt, die die Vereinbarung unterzeichnet haben (Acharya, 2012, S. 16).

6 Zusammenfassung

Die Unternehmenskrisen, die zum Bankrott von Lehman Brothers, Enron und WorldCom führten, haben das regulatorische und buchhalterische Umfeld, in dem Unternehmen tätig sind, radikal verändert. Die Verabschiedung und Umsetzung des Sarbanes-Oxley Act von 2002, des Dodd-Frank Act von 2010, der Baseler Abkommen, namentlich Basel II und Basel III, und die Einrichtung des ESFS führten zu Änderungen der Rechnungslegungsstandards, der Offenlegungsverordnungen und der Geschäftsmodelle von Unternehmen auf der ganzen Welt, um zu verhindern, dass sich diese Art von Krisen wiederholt. Im Laufe ihrer Verfassung, Verabschiedung und Umsetzung stießen die Gesetzgeber auf zahlreiche Schwierigkeiten, insbesondere in Bezug auf den Einfluss der Lobbyarbeit und der Kosten, die von den Unternehmen getragen werden mussten. Unternehmen sowie Regulierungsbehörden sahen sich gezwungen sich mit Fragen bezüglich der Umsetzung dieser Gesetze und dessen Folgen zu beschäftigen. Der große Ermessensspielraums sowie tiefgreifende Neuregelungen erschwerten diesen Prozess. Alle diese Gesetze haben sowohl ihre Vor- als auch ihre Nachteile, aber insgesamt können sie als Erfolg betrachtet werden, denn ohne sie wären die Unternehmen, die Wirtschaft und alle Betroffenen schlechter dran als sie es sind. Das bedeutet nicht, dass Überarbeitungen und Aktualisierungen Vorteile bieten und Schwächen minimieren könnten, aber im Großen und Ganzen sind sie die Gesetze von großem Nutzen. Die Abschwächungen, die bei Dodd-Frank gesehen wurden, haben ihre Stärken in Bezug auf die Reduzierung der Kosten für kleine und mittlere Institutionen, aber zu viel Rollback wird das Gesetz schwächen und die positiven Auswirkungen, die es hat, verringern. Es muss sichergestellt werden, dass diese wichtigen gesetzlichen Neuerungen in Zukunft nicht verwässert werden. Wenn der Basler Ausschuss mit der Beratung über eine Basel IV-Vereinbarung beginnt, gibt es definitiv einige

Punkte, die berücksichtigt werden müssen. Der Gedanke, dass die Minimierung des Risikos auf Unternehmensebene zwar ein lohnendes Ziel ist, aber das gesamte Systemrisiko erhöhen könnte sollte von zentraler Bedeutung sein. Daher sollte Gesetzgeber verstärkt dem gesamten makroökonomischen Bereich in den Blick nehmen, um zu prüfen, ob es möglich ist, die beiden Ideen zu kombinieren, um das gesamte Wirtschaftssystem weiter zu stärken.

7 Literaturverzeichnis

ACCOUNTING FOR FINANCIAL INSTRUMENTS. (2017). Retrieved February 20, 2020, from https://www.fasb.org/cs/ContentServer?c=Page&cid=1351027210037&d=Touch&pagename=FASB/Page/BridgePage#section_2

Acharya, V. V. (2012). *The Dodd-Frank Act and Basel III: Intentions, Unintended Consequences, and Lessons for Emerging Markets*. ADBI Working Paper Series No. 392. Available at https://papers.ssrn.com/sol3/papers.cfm?abstract_id=2168006. (Accessed April 4, 2020).

Acharya, V. V., Cooley, T., Richardson, M., Sylla, R., & Walter, I. (2011). The Dodd-Frank Wall Street Reform and Consumer Protection Act: Accomplishments and Limitations*. *Journal of Applied Corporate Finance*, *23*(1), 43–56. Doi: 10.1111/j.1745-6622.2011.00313.x

Ahmed, A. S., Mcanally, M. L., Rasmussen, S., & Weaver, C. D. (2010). How costly is the Sarbanes Oxley Act? Evidence on the effects of the Act on corporate profitability. *Journal of Corporate Finance*, *16*(3), 352–369. Doi: 10.1016/j.jcorpfin.2009.11.003

AICPA. (2018). New Revenue Recognition Accounting Standard—Learning and Implementation Plan. *New Revenue Recognition Accounting Standard—Learning and Implementation Plan*. Durham, NC.

Aronson, N. H. (2002). Preventing Future Enrons: Implementing the Sarbanes-Oxley act of 2002. Stanford Journal of Law, Business & Finance, 8(1), 127-154.

Baily, M. N., Klein, A., & Schardin, J. (2017). The Impact of the Dodd-Frank Act on Financial Stability and Economic Growth. *RSF: The Russell Sage Foundation Journal of the Social Sciences*, *3*(1), 20–47. Doi: 10.7758/rsf.2017.3.1.02

Basel Framework. (2017, December 7). Retrieved February 20, 2020, from https://www.bundesbank.de/en/tasks/banking-supervision/legal-basis/basel-framework/basel-framework-622964

Ban, P., & You, H. Y. (2019). Presence and influence in lobbying: Evidence from Dodd-Frank. *Business and Politics*, *21*(2), 267–295. Doi: 10.1017/bap.2018.27

Beresford, D. R., Katzenbuch, N. deB., & Rodgers, C. B. (2003). *Report of Investigation by the Special Investigative Committee of the Board of Directors of WorldCom, Inc.* (pp. 1–340). Washington, DC: Securities and Exchange Commission.

Blundell-Wignall, A., Roulet, C., & Atkinson, P. (2014). Bank business models and the Basel system. *OECD Journal: Financial Market Trends, 2013*(2), 43–68. Doi: 10.1787/fmt-2013-5jzb2rhkd65b

Clay, C., & Kim, D. (2017, September 19). Sarbanes-Oxley marks 15 years of success and challenges. Retrieved February 26, 2020, from https://www.accountingtoday.com/opinion/sarbanes-oxley-marks-15-years-of-successes-and-challenges

Coates, J. C. (2007). The Goals and Promise of the Sarbanes–Oxley Act. *Journal of Economic Perspectives, 21*(1), 91–116. Doi: 10.1257/jep.21.1.91

Collins, D. (2019, January 2). Arthur Andersen. Retrieved February 10, 2020, from https://www.britannica.com/topic/Arthur-Andersen

Cornford, A. (2005). Everything you wanted to know about Basel II but were afraid to ask. *Finance & Bien Commune, 21*(1), 41–56. Doi: 10.3917/fbc.021.0041

CRD IV. (2019, September 4). Retrieved February 20, 2020, from https://www.fca.org.uk/firms/crd-iv

Credit Losses. (2016, June 16). Retrieved February 20, 2020, from https://www.fasb.org/cs/ContentServer?d=Touch&c=Page&pagename=FASB/Page/ImageBridgePage&cid=1176168210663#section_1

Delcea, R. (2020, January 31). Consumer protection - EIOPA European Commission. Retrieved February 20, 2020, from https://www.eiopa.europa.eu/browse/consumer-protection_en

Deloitte. (2014). Basel III & CRD IV the impact for the Investment Firms. *Basel III & CRD IV the impact for the Investment Firms.* London.

ENFORCEMENT. (2019). Retrieved February 20, 2020, from https://www.esma.europa.eu/supervision/enforcement

Fahey, M., & Wells, N. (2017, March 16). A lot of the Dodd-Frank rules are getting killed before they had a chance to live. Retrieved April 3, 2020, from https://www.cnbc.com/2017/02/09/killing-dodd-frank-before-the-rules-are-even-fully-written.html

FASB. (2014). About the Codification. *About the Codification*. Norwalk, CT.

FASB (Financial Accounting Standards Board). (2018, August). Accounting Standards Update (ASU) No. 2018-13. *Accounting Standards Codification*. Retrieved from http://asc.fasb.org/

Fratianni, M., & Pattison, J. C. (2015). Basel III in Reality. *Journal of Economic Integration*, *30*(1), 1–28. Doi: 10.11130/jei.2015.30.1.1

Goodwin, K. (2010, July 21). Dodd-Frank Wall Street Reform and Consumer Protection Act of 2010. Retrieved February 10, 2020, from https://www.federalreservehistory.org/essays/dodd_frank_act

Grider, S., Lai, C., & Yee, A. (2009, January 9). Recent changes to fair-value accounting under US GAAP and IFRS. Retrieved February 10, 2020, from https://www.lexology.com/library/detail.aspx?g=0bb6e45a-3ef8-435a-a856-16b150c7169e

Hendricks, B. E., Neilson, J. J., Shakespeare, C., & Williams, C. D. (2016). *Responding to Regulatory Uncertainty: Evidence from Basel III*. Stephen M. Ross School of Business Working Papers Series Draft 4. Available at http://hdl.handle.net/2027.42/110908. (Accessed April 3, 2020).

History of IFRS. (2020). Retrieved February 20, 2020, from https://www.ifrs.org/about-us/who-we-are/#history

History of the Basel Committee. (2014, October 9). Retrieved February 20, 2020, from https://www.bis.org/bcbs/history.htm

Hochberg, Y. V., Sapienza, P., & Vissing-Jørgensen, A. (2009). A Lobbying Approach to Evaluating the Sarbanes-Oxley Act of 2002. *Journal of Accounting Research*, *47*(2), 519–583. Doi: 10.1111/j.1475-679x.2009.00321.x

Huntington, D. S. (2015, January 20). Summary of Dodd-Frank Financial Regulation Legislation. Retrieved February 10, 2020, from https://corpgov.law.harvard.edu/2010/07/07/summary-of-dodd-frank-financial-regulation-legislation/

Ingves, S. (2018, January). *"Basel III: Are we done now?" Institute for Law and Finance*. *"Basel III: Are we done now?" Institute for Law and Finance*. Frankfurt am Main, Germany.

International Accounting Standards Board (2013). IFRS 13 Fair Value Measurements. In International Financial Reporting Standards (2020). Retrieved from https://www.iasplus.com/en/standards

International Accounting Standards Board (2016). IFRS 15 Revenue from Contracts with Customers. In International Financial Reporting Standards (2020). Retrieved from https://www.iasplus.com/en/standards

International Accounting Standards Board (2016). IFRS 16 Leases. In International Financial Reporting Standards (2020). Retrieved from https://www.iasplus.com/en/standards

International Accounting Standards Board (2017). IFRS 9 Financial Instruments. In International Financial Reporting Standards (2020). Retrieved from https://www.iasplus.com/en/standards

Jones, H. (2010, September 12). Snap analysis: Implementation key to Basel III success. Retrieved March 4, 2020, from https://www.reuters.com/article/us-basel-banks-sa/snap-analysis-implementation-key-to-basel-iii-success-idUSTRE68B2HR20100912

Keller, E. (2018). Noisy business politics: lobbying strategies and business influence after the financial crisis. *Journal of European Public Policy, 25*(3), 287-306, DOI: 10.1080/13501763.2016.1249013

Kim, S. H., & Muldoon, C. (2015). The Dodd–Frank Wall Street Reform and Consumer Protection Act: Accomplishments and Shortcomings. *Journal of Applied Business and Economics, 17*(3), 92–107. Retrieved from http://www.na-businesspress.com/JABE/KimSH_Web17_3_.pdf

Lioudis, N. (2020, January 29). The Collapse of Lehman Brothers: A Case Study. Retrieved February 10, 2020, from https://www.investopedia.com/articles/economics/09/lehman-brothers-collapse.asp

Lopez, C. & Saeidinezhad, E. (2016). *Dodd-Frank: Washington, We Have a Problem*. Munich Personal RePEc Archive Paper No. 72267. Available at https://mpra.ub.uni-muenchen.de/72267/. (Accessed April 5, 2020).

Ludwig, E. A. (2012). Assessment of Dodd-Frank Financial Regulatory Reform: Strengths, Challenges, and Opportunities for Stronger Regulatory System. Yale Journal on Regulation, 29(1), 181-200.

Lyke, B., & Jickling, M. (2002). *WorldCom: The Accounting Scandal* (pp. 1–6). Washington, DC: Congressional Research Service.

Mac, T. (2020, January 30). Mission and Tasks. Retrieved February 20, 2020, from https://www.eiopa.europa.eu/about/mission-and-tasks_en

Martel, M. M., Rixtel, A. van, & Mota, E. G. (2018). Business models of international banks in the wake of the ... Retrieved April 4, 2020, from https://www.bde.es/f/webbde/GAP/Secciones/Publicaciones/InformesBoletinesRevistas/RevistaEstabilidadFinanciera/12/May/Fic/ref2012225.pdf

Mawutor, J. K. M. (2014). Analysis of Basel III and Risk Management in Banking. *European Journal of Business and Management, 6*(6), 168–171. Retrieved from https://www.iiste.org/

McCoy, K. (2013, September 12). Dodd-Frank act: After 3 years, a long to-do list. Retrieved April 3, 2020, from https://eu.usatoday.com/story/money/business/2013/06/03/dodd-frank-financial-reform-progress/2377603/

Missions and Tasks. (2019, April 23). Retrieved February 20, 2020, from https://eba.europa.eu/about-us/missions-and-tasks

Munson, H., & Novak, J. (2017, May 26). Dodd-Frank: Past, Present, and Future. Retrieved February 26, 2020, from https://publicpolicy.wharton.upenn.edu/live/news/1886-dodd-frank-past-present-and-future

Nolte, D. (2009). FASB Toughens Off-Balance-Sheet Accounting. Retrieved February 10, 2020, from https://www.hgexperts.com/expert-witness-articles/fasb-toughens-off-balance-sheet-accounting-6468

Ojo, M. (2012). *Harmonising Basel III and the Dodd Frank Act through greater collaboration between standard setters and national supervisors*. Munich Personal RePEc Archive Paper No. 36164. Available at https://mpra.ub.uni-muenchen.de/36164/. (Accessed April 5, 2020).

Paskelian, O. G., & Bell, S. (2012). THE TALE OF TWO REGULATIONS — DODD-FRANK ACT AND BASEL III: A REVIEW AND COMPARISON OF THE TWO REGULATORY FRAMEWORKS. *Institute for Financial Markets*, 2-24. Retrieved April 4, 2020, from https://www.theifm.org/sites/default/files/inline-files/Tale%20of%20Two%20Regulations_Mar2013_0.pdf.

Powers, W. C., Troubh, R. S., & Winokur, H. S. (n.d.). *Report of Investigation by the Special Investigative Committee of the Board of Directors of Enron Corp.* (pp. 1–218).

Rakić, D., & Dessimirova, D. (2019, May). European System of Financial Supervision (ESFS). Retrieved February 20, 2020, from https://www.europarl.europa.eu/factsheets/en/sheet/84/european-system-of-financial-supervision-esfs-

Rappeport, A., & Flitter, E. (2018, May 22). Congress Approves First Big Dodd-Frank Rollback. Retrieved April 7, 2020, from https://www.nytimes.com/2018/05/22/business/congress-passes-dodd-frank-rollback-for-smaller-banks.html

REVENUE RECOGNITION. (2015, August 12). Retrieved February 10, 2020, from https://www.fasb.org/jsp/FASB/Page/ImageBridgePage&cid=1176169257359#section_7

Sarbanes-Oxley Act: A Brief Overview. (n.d.). Retrieved February 10, 2020, from https://corporatefinanceinstitute.com/resources/knowledge/other/sarbanes-oxley-act/

Sarbanes-Oxley Act of 2002, 107 P.L. 204

SEC Adopts Final Rules for Disclosure of Off-Balance Sheet Arrangements and Aggregate Contractual Obligations. (2003). Retrieved February 27, 2020, from https://corporate.findlaw.com/finance/sec-adopts-final-rules-for-disclosure-of-off-balance-sheet.html

Segal, T. (2020, January 29). Did the Troubled Asset Relief Program (TARP) Save the Economy? Retrieved February 10, 2020, from https://www.investopedia.com/terms/t/troubled-asset-relief-program-tarp.asp

Smith, L. R., & Muñiz-Fraticelli, V. M. (2013). Strategic Shortcomings of the Dodd-Frank Act. *The Antitrust Bulletin*, *58*(4), 617–633. Doi: 10.1177/0003603x1305800405

Summary of the Sarbanes-Oxley Act for Bankruptcy Appraisers. (2003). *American Bankruptcy Institute Journal*. Retrieved from https://www.abi.org/abi-journal/summary-of-the-sarbanes-oxley-act-for-bankruptcy-appraisers

SUPERVISION. (2019). Retrieved February 20, 2020, from https://www.esma.europa.eu/supervision/supervision

Team, T. (2018, June 7). What Does The Partial Rollback Of Dodd-Frank Mean For The Largest U.S. Banks? Retrieved April 7, 2020, from https://www.forbes.com/sites/greatspeculations/2018/05/29/what-does-the-partial-rollback-of-dodd-frank-mean-for-the-largest-u-s-banks/#1516e9b92f19

Thomas, W. C. (2002). The Rise and Fall of Enron. *Journal of Accountancy*. Retrieved from https://www.journalofaccountancy.com/issues/2002/apr/theriseandfallofenron.html

Thompson, E. (2012). Dodd-Frank and Basel III's Skin in the Game Divergence and Why It Is Good for the International Banking System. Global Business Law Review, 2(2), 159-174.

U.S. Department of the Treasury. (2020, February 12). Retrieved February 10, 2020, from https://www.treasury.gov/initiatives/financial-stability/TARP-Programs/Pages/default.aspx#

Valukas, A. R. (2010). *Lehman Brothers Holdings Inc. Chapter 11 Proceedings Examiner's Report* (Vols. 1-5, pp. 1–2209). Chicago, IL: Jenner & Block LLP.

Verdier, Pierre-Hugues, US Implementation of Basel II: Lessons for Informal International Lawmaking (June 30, 2011). INFORMAL INTERNATIONAL LAWMAKING, Joost Pauwelyn, Ramses Wessel & Jan Wouters eds., Oxford University Press, 2012. Available at SSRN: https://ssrn.com/abstract=1879391

Wagner, S., & Dittmar, L. (2006, August 1). The Unexpected Benefits of Sarbanes-Oxley. Retrieved February 26, 2020, from https://hbr.org/2006/04/the-unexpected-benefits-of-sarbanes-oxley

Walker, G. A. (2011). Basel III market and regulatory compromise. *Journal of Banking Regulation*, 12(2), 95–99. Doi: 10.1057/jbr.2011.4

Wiggins, R. Z., Piontek, T., & Metrick, A. (2014, October 1). The Lehman Brothers Bankruptcy A: Overview. Retrieved February 10, 2020, from https://som.yale.edu/sites/default/files/files/001-2014-3A-V1-LehmanBrothers-A-REVA.pdf

Who We Are. (2019). Retrieved February 20, 2020, from https://www.esma.europa.eu/about-esma/who-we-are

BEI GRIN MACHT SICH IHR WISSEN BEZAHLT

- Wir veröffentlichen Ihre Hausarbeit, Bachelor- und Masterarbeit

- Ihr eigenes eBook und Buch - weltweit in allen wichtigen Shops

- Verdienen Sie an jedem Verkauf

Jetzt bei www.GRIN.com hochladen und kostenlos publizieren